英汉语言对比与翻译研究

曹　晶◎著

文化发展出版社
Cultural Development Press
·北京·

图书在版编目（CIP）数据

英汉语言对比与翻译研究 / 曹晶著. — 北京 : 文化发展出版社, 2023.12

ISBN 978-7-5142-4254-6

Ⅰ. ①英… Ⅱ. ①曹… Ⅲ. ①对比语言学－英语、汉语②英语－翻译－研究 Ⅳ. ① H31 ② H1

中国国家版本馆 CIP 数据核字 (2024) 第 023890 号

英汉语言对比与翻译研究

曹 晶 著

出 版 人：宋 娜

责任编辑：任秀颖　　　　责任校对：岳智勇

责任印制：邓辉明　　　　封面设计：李 伟

出版发行：文化发展出版社（北京市翠微路 2 号 邮编：100036）

网　　址：www.wenhuafazhan.com

经　　销：全国新华书店

印　　刷：天津和萱印刷有限公司

开　　本：710mm × 1000mm　1/16

字　　数：210 千字

印　　张：11

版　　次：2024 年 9 月第 1 版

印　　次：2024 年 9 月第 1 次印刷

定　　价：72.00 元

I S B N：978-7-5142-4254-6

◆ 如有印装质量问题，请电话联系：010-58484999

前　言

语言的出现、存在和演变依赖一定的自然环境和社会文化条件。作为一种交流工具、信息传递媒介和文化表达方式，语言总是具有一定的意义和核心思想，它反映了一个民族的思维模式和文化内涵。语言研究的目的是探究语言生成和演变的内在规律。学习语言意味着探究不同国家的演进过程并阐述其中的文化内涵。语言学的研究可以分为两类，一类是对语言内部结构和规则的研究（以下简称语内研究），另一类是对语言与外界环境之间关系的研究（以下简称语外研究）。

语内研究主要通过分析语言的内部组成和应用来讨论语言的内部规律，而语外研究则主要通过比较和分析两种或多种语言来讨论语言之间的异同。随着经济全球化的发展，我国在政治、经济、科技、文化领域与世界其他国家的交流越来越广泛、越来越频繁。因此，越来越多的中国人开始学习汉语以外的语言。

翻译就是使用目的语将原文中表达的思想内容准确地表现出来的一种语言活动。语言是思维的承载者，人类的思想来自客观现实，是对客观现实的反映，因此，不同的现实能够被不同的语言表现出来。

英汉语言对比是翻译活动中的重要组成部分，是在两种语言差异的基础上建立起来的。英汉语言对比翻译需要充分了解两种语言的共同点和不同点，进而探索英汉语言对比翻译的技巧和方法。翻译实践证明，英汉语言的相同之处相对较易掌握，而两者的不同之处往往较难掌握，因此，更应对英汉语言对比与翻译进行更为深入的研究。

本书共六章。第一章为英汉语言对比概述，介绍了英汉语言的起源与发展、英汉语言对比的起源与发展等内容，旨在让读者了解英汉语言对比的相关理论；第二章为英汉词汇的对比与翻译，介绍了英汉词汇特征对比、认知语言角度下的和跨文化背景下的英汉词汇对比与翻译；第三章为英汉句子的对比与翻译，是较词汇高一层级的研究；第四章、第五章分别是英汉语篇的对比与翻译、英汉修辞的对比与翻译，细化了英汉分析的各个环节，有利于提升翻译质量；第六章为英汉语言对比与翻译研究的实用价值，阐述了英汉翻译的新趋势和现实意义。

在撰写本书的过程中，作者参考了大量的文献，得到了许多学者的帮助，在此表示真诚感谢。本书内容系统全面，论述条理清晰、深入浅出，但由于作者水平有限，书中难免有疏漏之处，希望广大同行及时指正。

曹　晶

2023 年 5 月

目 录

第一章　英汉语言对比概述

本章为英汉语言对比概述，介绍了英汉语言的起源与发展、英汉语言对比的起源与发展、英汉语言在发展中的特点及其对比、英汉语言对比研究的方法与步骤、英汉语言文化与思维的差异分析这几部分内容。

第一节　英汉语言的起源与发展

一、语言发展的原因及特点

（一）语言发展的原因

1．外因

（1）社会进步促进了语言的发展

人类社会的进步是一个从低级到高级不断发展的过程。在社会进步的过程中，旧的东西正在消失，新的东西和新的概念正在出现。一方面，当反映的东西消失时，词汇也会消失。例如，汉语中敦、鬲、爵等器具名词，随着器具本身的消失，它们也渐渐从人们的视线中消失了。另一方面，人们也会创造一些新的词汇来迎合社会上的新事物或新现象，如英语中的stay cation指宅在家中度过的假期，frenemy是由friend和enemy合成的新词，指表面和气、背后敌对的关系和人。汉语中的打假、扫黄、超生、扶贫、三角债、希望工程、豆腐渣工程等，都反映了特定历史时期的重大事件或重大社会问题，记录了社会发展变化的阶段性轨迹。

（2）社会分化和统一促进了语言的发展

语言随着社会的分化而分裂，随着社会的统一而统一。当一个使用统一语言的社会分裂时，分裂的部分之间的交流就会逐渐减少，在社会内部就会有旧语言消失和新语言产生的现象。随着时间的推移，原本统一的语言会出现差异，逐渐形成不同的语言。此外，由于社会的发展，同一社会内部形成了不同的社会群体

（如不同的行业），这些社会群体所使用的语言也会有差异，从而形成不同的行业语言。当分裂的社会走向统一时，人们交流的机会就会增加，语言的相互影响就会加强，从而形成整个社会的共同语言。

（3）民族间的接触对语言的发展起到了推进作用

不同国家和地区的民族之间的频繁交流和接触离不开语言的使用。因此，不同的语言相互影响促进着语言的更新、变化和发展。例如，“五四运动”后，汉语不断受到西方语言的影响。

2．内因

语言结构要素之间的矛盾推动了语言的发展。

语言的存在和发展往往受到社会发展的制约。然而，语言系统中的每一个元素和其他元素（包括语音、语义、词汇、语法）都处于对立统一的关系中，呈现出一种平衡的状态。如果这些基本元素和组件由于某种原因发生更改，那么现有的规则会被破坏。为了适应新的环境和条件，语言会重新调整规则以达到新的平衡。

例如，古代汉语中占比重较大的是单音节词，相互之间一直维持着比较有效的区别和平衡。之后，由于增加了许多同音词，破坏了语言系统内部之前维持的平衡，影响社会交际，所以过去的单音节形式逐渐被双音节词的构词模式取代，大大增加了双音节词所占的比重。例如，古代官和吏是两个词，现在分别称作官员、干部和公务员、科员、办事员等。

（二）语言发展的特点

1．渐变性

语言从旧品质向新品质的转变不是通过爆发、消除现存的语言和创造新的语言来实现的，而是通过新品质元素的逐渐积累，即旧品质元素的逐渐死亡来实现的。

人类有史以来最重要的交际工具就是语言，因此相对的稳定性是语言必须具备的特点。但是随着社会的发展，语言为了满足社会发展的需要，也会逐渐地调整。例如，流量、网红等。

2．不平衡性

由于语言系统的各个组成部分与社会的变化和发展并不密切相关，因此语音学、词汇和语法在语言元素上的发展速度是不一样的，从而使语言发展的平衡性受到破坏。

词汇与社会发展有着最直接的联系。社会生活中经常出现新事物、新观念，这些变化将不断对语言提出新的交流需求。因此，语言元素中的词汇需要快速反应，以满足社会交际的新需求。

语言中的语音是相当稳定的。任何语言的语音系统都不会轻易发生改变。旧词的消失并不会导致音型的消失，新词的产生只能通过现有的音型来确定。

语言语法规则是语言的系统规范，是相当稳定的。语法是语言成分的组织规则，每一个语法规则都主导着相应语言成分的类别，语法规则的变化通常只是微小的调整。

二、英汉语言的发展

语言实际上反映了一个民族兴衰的历史，这是因为语言受到各种社会因素的影响，主要包括政治（军事入侵与占领后的政治统治）、经济（支撑政治和军事话语权的基础平台）、教育（军事入侵与占领后的语言教育与文化意识形态教育）等。

（一）英汉语言的发展阶段

1. 英语的发展阶段

英语从产生到现在已有 1500 多年的历史。英语的发展主要经历了三个时期：公元 449—1100 年的古英语时期、公元 1100—1500 年的中古英语时期和公元 1500 年至现在的现代英语时期。

（1）英语的形成和统一——古英语时期

英语的起源非常久远，人们在史料中发现最早出现的语言是凯尔特语，凯尔特语在公元前 500 年左右出现在大不列颠群岛。随后大不列颠群岛被入侵的罗马人占领，罗马人在此地驻足了大约 500 年的时间，在此期间，他们将本不属于大不列颠群岛的拉丁语引入此地，在罗马人的驱使下，拉丁语成了大不列颠群岛的官方语言。同时由于罗马人与拉丁语的侵入，原本的凯尔特语受到了极大的打击，凯尔特语的地位被大大降低。

随着历史的发展，公元 449 年时罗马帝国的实力已经大不如前，罗马帝国开始衰败，因此居住在现今丹麦与德国北部的一些日耳曼民族开始对大不列颠群岛入侵，他们采取三个部落联合的方式，战力极强。其中三个日耳曼部落包括盎格鲁人、撒克逊人与朱特人。罗马帝国国力衰败，无法再顾及遥远的大不列颠群岛，因此这三个日耳曼民族很快便占领了大不列颠群岛。他们在这里发展，由于是多个部落组合而成，其语言也有不同，因此在之后的生活中，三个部落融合出了一种新的语言——盎格鲁－撒克逊语。经过多次外来民族的入侵，原本的凯尔特语在这次日耳曼民族入侵之后被取缔，而新兴的盎格鲁－撒克逊语则慢慢成了大不列颠群岛的主要语言，此语言也是英语的雏形，在之后的历史发展中演化成了现今的英语。

之后大不列颠群岛的语言稳定发展，在大约公元700年，由日耳曼民族混合形成的盎格鲁－撒克逊语开始被人们称为Englisc，而他们在大不列颠群岛上建立的国家被称为Englaland。这两个词语就是我们今天所熟知的English和England的雏形。

在之后的历史进程中，大不列颠群岛也并不是一直处于稳定状态中的。大约在8世纪末，英国被丹麦人入侵，此次入侵使丹麦人成功占领英国，并在英国东北部建立了丹麦地区，丹麦地区稳定发展了300年。在公元9世纪时，英国再次遭到侵入，斯堪的纳维亚人侵入到英国，并在英国定居了下来，开始与当地的英国文化相互融合，他们与英国人通婚，在语言上将斯堪的纳维亚语与当地的英语进行融合，对英语在历史上的发展起到了重要的推进作用。

这个阶段是英语形成、发展和统一的阶段。这一时期的英语被称作古英语。这个阶段也被称作古英语时期。

（2）英语的发展和丰富——中古英语时期

在1066年，英国再次被入侵。法国率军对英国发动侵袭，诺曼底公爵威廉占领了英国，建立了诺曼王朝，自称为国王。诺曼底王朝一直统治英国到1154年。在诺曼底王朝统治期间，诺曼语（法国的一种方言）在英国享有特殊地位，成为英国政府、教会和学校的官方语言，上流社会都说法语、写法语。受此影响，拉丁语成为人们生活中的重要语言，人们使用拉丁语进行宗教活动，用拉丁语吟诵《圣经》，但是英语并没有被取代，底层人民一直使用英语进行日常交流，此时多种语言在英国同时发展。也就是说，在诺曼底王朝统治期间，英国实际上存在三种语言。在英国，法语的使用一直延续到14世纪，这一阶段大量法语词汇进入英语，称为中古英语。至今，英语中仍保留着大量的法语词汇和拉丁语词汇。

在现代英语中，牛是cow，而牛肉是beef；猪是pig，而猪肉是pork；羊是sheep，而羊肉是mutton。这些都是诺曼底人入侵的结果，动物名称是英语沿袭词，而动物的肉的名称则是法语沿袭词。

1337—1453年，英国和法国进行了“百年战争”，英国取得胜利后，开始重新回到主流地位。之后随着时间的推移，在 1382 年，《圣经》出现了英语版本，自此全英国人民开始使用英语进行各种活动，随后其他语言基本被逐渐取代。英语成为英国唯一的通用语言。

（3）英语的演变和发展——现代英语时期

随后，文艺复兴席卷整个欧洲，古希腊与古罗马的文化再次回到了人们的视野当中。在此期间，英语吸收了欧洲大陆很大一部分古老的社会文化精华（包括古希腊、古罗马文化的精髓），使英语的词汇量大增。

从 18 世纪开始，随着工业革命的兴起，英国开始向海外拓展市场，争夺世界各地的殖民地。英语也随着大英帝国的发展逐渐走向世界。在殖民过程中，英语吸收了世界各地大量的新奇的词语。例如，zebra（斑马）、chimpanzee（黑猩猩）等来自非洲；cashmere（开司米，山羊绒）、shampoo（洗涤剂）等来自印度；tea（茶叶）、litchi（荔枝）等来自中国；kangaroo（袋鼠）、boomerang（回飞镖）等来自澳大利亚；cannibal（食人者）、canoe（独木舟）等来自西印度群岛。

英国是当时世界上殖民地最多的国家，由于其殖民地众多，英国进行了大量的海外移民，在移民过程中，英语也随着移民活动的进行在世界传播开来。除了英国，以英语为母语的国家还有爱尔兰、美国、加拿大、澳大利亚、新西兰、圭亚那、巴哈马、巴巴多斯、百慕大、牙买加、特立尼达和多巴哥等。尼日利亚、加纳、肯尼亚、乌干达、坦桑尼亚、赞比亚、津巴布韦、南非共和国、新加坡、印度、菲律宾等国家把英语作为官方语言。此外，现在还有许多其他国家把英语作为第二语言。由于许多国家都使用英语，所以在外交活动中英语逐渐超越了法语，成为世界各国政治、经济、文化交流使用的语言。

英语也有很大的地区差异。在英国本地，由于盎格鲁人、撒克逊人、朱特人分别在不同的地方定居，所以英语在发展初期就存在着明显的地域差异。随着工业化和城市发展的进程，伦敦成为英国最大的城市，吸收了讲不同方言的居民，这些方言不断融合，最终形成统一的英语。

2. 汉语的发展阶段

对于汉语的发展阶段，根据不同的标准有不同的划分。

（1）上古时期（商、周、秦、汉时期）

汉语发展的上古时期指的是从公元前 18 世纪到公元 3 世纪（商、周、秦、汉时期），其中商为上古前期，周、秦为上古中期，两汉（东汉、西汉）为上古末期。这一时期汉语呈现出以下特点。

①在语音上，没有轻唇音和舌上音，音调分平、仄两种。

②在词汇上，词汇以单音节词为主，存在一定数量的复音词。

③在语法上，实词没有词类标准，且存在宾语前置的现象。

（2）中古时期（六朝、唐、宋时期）

中古时期指从公元 4 世纪到 12 世纪，即六朝、唐、宋时期。其中，六朝为中古前期，这一时期少数民族统治着我国北部。汉族生活在中部平原，其语言和北方少数民族的语言开始融合。唐、宋为中古时期的中后期，这一时期政治、经济、文化发展达到顶峰，使得居住在中央平原的汉族人的语言——汉语得到了很好的发展和广泛传播。这一时期汉语呈现出以下特点。

①在语音上，以《切韵》为代表的中古语音系统形成，轻唇音和舌上音开始产生，平、上、去、入四声开始形成。

②在词汇方面，四声别义现象普遍得到加强，复音词大量增加，双音节词、多音节词和外来借词也开始少量出现。

③在语法上，动补结构开始出现，如了、着等动词词尾产生；书写有两种语言——文言文和白话文，二者中占据主导地位的是文言文。

（3）近代时期（元、明、清时期至“五四运动”前）

近代时期指从公元 13 世纪到 20 世纪初，即元、明、清至“五四运动”前，元代为近代前期，明、清为近代中期，鸦片战争到“五四运动”为近代末期。这一时期汉语呈现出以下特点。

①在语音上，舌上音和正齿音合并形成卷舌音，入声消失，平声分阴阳两类，即阴平、阳平、上声和去声。

②在词汇上，口语词汇进入文学作品，同时由于西方文化的引入，大量外来词汇进入汉语，大量的双音节词出现，词汇以双音节词为主。

③在语法上，结构助词的、地、得普遍使用，语气词系统形成。

（4）现代时期（“五四运动”至今）

在“五四运动”之后的汉语现代时期，普通话开始形成，普通话的语音是以北京语音为基础，结合北方方言，并以白话文为语法规范形成的。这一时期的汉语呈现出以下特点。

①在语音上，以北京语音为标准音。

②在词汇上，以双音节词为主，多音节词并存，汉语词汇量呈现不断扩大的趋势。

③在语法上，形成了完善的现代白话文语法规范。

（二）英汉语言的发展特点

由于英汉语言诞生、存在和发展的环境和条件不同，因此它们有其自身的发展特点。

1. 英语的发展特点

英语是多种语言的混合体。简单的定型语法、词汇独立是英语的两个鲜明特征。《英语史：从古英语到标准英语》一书提到了英语的发展历史，研究说明了英语是如何演变成如今的标准英语的。其实英语在 18 世纪之后，其发展就停滞了，当时的英语已经形成了相当标准的书面语言，之后仅有一部分词汇发生小幅度的改动。

（1）拼音文字的音义分离决定了词汇量的不断增加

英语属于印欧语系，是拼音文字，其构词的基本单位是字母和字母组合。英语往往伴随着新事物的出现而用新词来表示，词汇量一直在不断增加，因此英语的词汇量非常庞大。

（2）民族的征服与被征服使得英语受外来影响较大

英语民族的发展史是征服和被征服的发展史，因此，英语深受外部因素影响，主要是外国入侵、殖民扩张和殖民统治所带来的国家和政治影响。英语中有 80% 的词汇是从其他语言借来的。例如，英语中有很多以“sk”开头的词来自丹麦语，还有很多单词来自法语、拉丁语等。

通过殖民移民与殖民统治，英语不断扩张。例如，在 17 世纪，英国殖民者开始向北美殖民。随着移民数量的增加，英国移民者在北美东海岸建立了十三个殖民地。随着英国的殖民扩张，英语的影响变得越来越广泛，其范围遍及全世界。英语的使用地范围极其广泛，各个英语使用地距离很可能极远，如同我国由于不同地理位置产生了各种方言一样，英语也出现了多种方言，其中有英国国内的方言，但更多的是外国产生的方言。相关研究人员称这种国外产生的英语方言为别国英语，世界上的主要别国英语包括美国英语、印度英语、澳大利亚英语和南非英语等。这些国家都是世界上人口众多的国家，他们的英语发展会对英语产生很大的影响。其中，美国英语凭借美国强大的国际影响，成为英国本土以外影响最大、分布最广的英语方言。

2. 汉语的发展特点

汉语是从一种单一的语言演变而来的，其突出特点是语法简洁灵活、词汇含义多且数量少。

（1）表意文字决定了汉语词汇含义多且数量少

汉语属于汉藏语系，是表意文字。汉语中字与词不同，有些字本身就是词，有些字只是词素（构词的基本单位），只能与其他的字组合才能成为词。

在汉语中，常用汉字的数量基本上是固定的，然而，由这些汉字组成的词的数量可以不断增加。汉语演变的总趋势是词汇的增加和词义的扩大。但是与英语相比，汉语的词汇量仍然相对较少。

（2）民族的统一使得汉语只产生书写体的变化

我国有五千多年的文明史，汉语的方言数量同样很多，但是汉语方言主要是在语音语调上区别很大，各种汉语方言的词汇与语法的差别并不是很大。同样，古代汉语和现代汉语有很大的语言区别，但其语法和词汇几乎没有区别。

汉字历史久远，中国人对汉字的使用一直没有中断过，因此汉字在历史上发生过多次变化，汉字的变化主要是书写样式的变化，如汉字的形态经由甲骨文—篆书—隶书—楷书等书写体的变化。虽然汉字书写形式众多，但在我国的历史上，汉字的书写形式也经过了多次统一。例如，秦始皇在建立秦朝后，令李斯整理小篆，进行全国上下的“书同文”，也正式“书同文”等措施的实施，导致我国汉字虽然个地方语音的发声差异很大，但书写的差异并没有那么大，人们即使听不懂对方在说什么，也可以通过书写进行交流。

第二节　英汉语言对比的起源与发展

语言的比较研究是在人们语言交流的过程中自然发展起来的。在对语言进行比较研究的过程中，由于人们的旨趣不同、目标不同、方法不同，逐渐形成了不同的语言学分支学科。在 19 世纪，人们的主要兴趣在比较语言学，而到了 20 世纪，特别是 20 世纪中期以后，更多的人把兴趣投向了对比语言学。

一、比较语言学与对比语言学

从理论上讲，任何两种不同语言之间的接触都不可避免地导致语言之间有意识或无意识地进行比较或对比。这可以在公元 2 世纪至 3 世纪的汉代佛经翻译中找到，西方也不乏史料记载。对一般人来说，这两个词的用法似乎没有根本区别。然而，随着 18 世纪末人们第一次对世界语言历史进行科学研究，比较和对比作为最关键、最核心的方法，成为比较语言学和对比语言学这两个不同语言学流派在性质与任务上分野的基础。

以下介绍比较语言学和对比语言学在研究目标、研究对象、研究方法和重点方面的异同，以便更好地理解比较和对比这两个术语在各自学科中的实际作用。

首先，两者的研究目标不同。在比较语言学中，比较作为语言研究的基本方法，服务于对语言起源的探索研究。寻找各语言间的共同点、构拟原始的语言、建立语言体系是它的主要目的。历史上，欧洲学者对于语言的起源始终抱有浓厚的兴趣。14 世纪初，意大利著名诗人但丁在他的《俗语论》一书中就谈及了语言的起源问题。到了 18 世纪末，随着西方学者大量接触并掌握古印度语——梵语，并成功地运用比较的方法，他们发现梵语与几种欧洲主要语言在词汇和语法结构等方面存在着诸多相似之处。1786 年，英国东方学学者琼斯爵士更通过比较的方法揭示了梵语、希腊语和拉丁语在动词词根与语法形式上的相似性，并提出这三种语言源于同一原始语言——印欧语的假说。这标志着历史比较语言学的产生，并且揭开了 19 世纪比较语言学研究的序幕。19 世纪中期，德国语言学家奥古斯特·施莱谢尔受当时达尔文生物学物种分类的启发，在其代表作《印度日耳曼语言比较语法纲要》中创制了树形谱系图，这是人类第一次用自然科学的研究方法来直观地展示不同语言之间的亲缘关系及其历史演变，见证了历史比较语言学的发展。以对比为核心的对比语言学认为语言的共同点和不同点是对等的，语言之间的差异越来越受到重视。其目的是指导语言教学和语际翻译，以实现不同文化之间的交流。在 20 世纪中叶，对比分析已开始在第二语言教学中盛行，主要用于语言分析。对比分析通过对比目的语和学习者的母语，对共时层面进行系统的比较，找出两种结构的异同点，预测学习中可能出现的困难，确定学习目标，以便在教学中预防和解决这个问题。在 20 世纪 70 年代以后，随着世界多元文化的发展，对比语言学的研究视角逐渐从单纯的语言学转向更广阔的语言文化背景、社会功能和心理机制。对比的方法不仅可以用来解决语言教学问题，还成了解决民族语言及其特点、人类语言和人类思维、不同语言在语法逻辑和对经验的一般分析上的重大区别等问题的重要途径。

其次，两者的研究对象不同。在整个 19 世纪的比较语言学研究中，相似的亲属语言一直是主要的研究对象。继琼斯爵士之后，1808 年施勒格尔发表了《论印度人的语言和智慧》，首次使用比较语法这一术语，并指出了梵语和希腊语、拉丁语、日耳曼语等在词汇及语法关系方面存在着亲缘关系。

在丹麦学者拉斯克发表的《古代北方语或冰岛语起源的研究》、德国学者葆朴的《论梵语动词变位系统，与希腊语、拉丁语、波斯语和日耳曼语相比较》等代表性研究成果中，他们运用比较的方法发现大部分亲属语言中存在着类似的、系统的对应现象，进而构拟了它们的共同起源——原始印欧语的表现形式。与之不同的是，对比语言学的研究对象更为广泛，它关注的是语言的相似性和个性，语言不仅适用于亲属语言，也适用于非亲属语言。作为人类了解世界的一种方式和一种交流的工具，语言具有一定的普遍性和交流性，这使不同语言之间具有很大的可比性。例如，所有的语言在语音上均可分为元音和辅音，在词类中也大都能划分出表示事物的词和表示行动的词等。基于此，归属于不同语系的汉语与英语具备了进行平等对话的可能性。同时，采用对比的方法能更加鲜明直观地使语言的特点与特征展现出来。通过对比，人们更容易理解两种不同语言的使用方法，并通过这些特点与特征学习语言。以语言特性研究为基础，更有可能建立起一种有特色的语言理论。另外，共性与个性的问题同样存在于各方言之间，因此，通过对比研究方言的特点也是对比语言学的应用范围。

最后，两者的研究方法和重点不同。从研究方法来看，比较和对比对于比较语言学和对比语言学而言，是各自学科的灵魂和核心，它们在方法论上主要表现在对“同”和“异”的侧重上。语言研究的“异”“同”分别表现为语言的特殊性、个别化以及相似性、普遍性。历史比较语言学的发生发展与倚重语言相似性的比较方法息息相关，其研究重点落在了语言的历时演变现象上。它在掌握了亲属语言间存在着大量的相似之处与不同点的基础上，运用历时比较的方法，在历史演变中“梳理”它们曾经相似的证据，探索它们是否存在着共同的源头，并对其演变成不相似结果的过程进行追溯性解释。例如，在拉丁罗曼语中，父亲一词有着类似的拼写和读音特征。意大利语、西班牙语均拼作 padre，法语拼作 père，葡萄牙语拼作 pai，加泰罗尼亚语拼作 pare，其中的相似性并非偶然。比较语言学在追寻这些词汇的历史演变过程时，将源头追溯至拉丁语父亲（pater）一词的拼写，并用同样的推断方式，比较古典希腊语、梵语、拉丁语、哥特语等父亲的拼写形式，最终构拟出并不存在的原始印欧语父亲的拼写形式——pater。19 世纪的历史比较语言学第一次将过去孤立、分散的语言研究纳入系统。独立的语言学研究创造性地运用比较的科学研究方法，形成关于语言起源和本质的理论假设，为 20 世纪结构语言学的产生和发展创造了条件。

从西方对比语言学的发展史来看，对比语言学源自比较语言学，然而，它在研究方法和重点上与后者不同。在语言的“异”“同”侧重上，对比一开始就被赋予了宽广的研究视域。在该学科的发展进程中，分别出现了重“同”、重“异”及“异同”并重三种主张。随着对“异”“同”哲学本质的深入认识，越来越多的学者意识到“异”“同”不是对立的，而是矛盾的统一体。绝对的“同”或“相似”并不存在，只有通过对“异”的分析才能实现对“同”的认识，“异”应该是世界的本质。因此，对比语言学应当以“异”为研究重点。

对比语言学在研究重点上侧重对两种或两种以上的语言或方言进行静态的、共时的对比研究。许余龙曾从理论上清晰地阐发了比较语言学和对比语言学在这方面的差异。他认为可以沿历时和共时、语言内部和语言之间两条轴线来进行比较。这两条轴线的互相交叉，便形成了如下四个象限，如图 1-1-1 所示。①

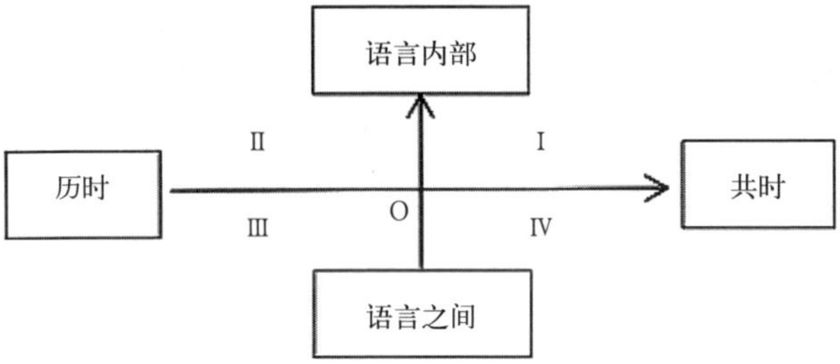

图 1-1-1　象限图

象限 I 指如果同时比较某一语言在其历史发展的某一阶段（主要是现在的阶段）的语音、语法、词汇等系统的内部构成成分和组合结构，那么索绪尔的结构主义语言学就是其代表。象限 II 指通过比较某一语言在历史变迁的不同阶段的语音、语法和词汇等系统，从而让人们了解这一语言的发展史，并找出基本的发展规律。汉语史研究属于此象限。象限 III 指不同语言之间（一般）亲属语言的语音、语法、词汇等系统的比较，主要是语言之间的历时联系，以此为基础讨论世界的语言分类体系，找到它们之间共同的发展规则。这就是人们所说的比较语言学和历史比较语言学。象限 IV 指在不同的语言之间进行共时比较期间，语言的时态处于静态，保持时态相同更能体现出语言在处理形式与结构之间的异同，若时态不同会让对比很难成立，以此为基础衍生出了一门独特的学科——对比语言学。

二、西方对比语言学的发展

西方的比较语言学虽然与 19 世纪的历史比较语言学有关，但是在语言学庞大的家族中，常常被看作隐形的“灰姑娘”，并没有得到应有的重视。

---

① 许余龙．语言的共性、类型和对比：试论语言对比的理论源泉和目的[J]. 外语教学，2010，31（4）：1-5.

对比语言学从比较语言学中生发而来。20 世纪 40 年代初，美国人类语言学家沃尔夫最早提出了对比语言学这一名称，并指出可以将比较语言学中产生的新的思想方法称为对比语言学。对比语言学旨在研究不同语言在语法、逻辑和对经验的一般分析上的重大区别。

此外，这一概念更早在 19 世纪上半叶德国语言哲学家威廉·冯·洪堡的论述中就已体现。他指出：只有当人们看到语言的概念有这么多的表现形式，能够在个人和一般方面比较和对比不同民族的语言特征，他们才能更清楚地理解一个民族的语言和语言特征。

对比语言学的奠基人是洪堡，他一生致力于语言研究，他在《语言比较研究与语言发展不同阶段的关系》一书中第一次给出了对比语言学的定义，语言对比研究是一门独立的学科，它有自己的思想、目标与宗旨。

洪堡指出的语言学的定义使人们能明确区分对比语言学和普通语言学，使对比语言学有了独特的探索目标，他根据语言的特点将对比语言学与社会、民族联系到了一起，将对比语言学的最终目标融入人类的进步与民族的发展之中。对于对比语言学，洪堡将其研究分为两大领域，分别是考察各语言的组织与研究各语言的进一步发展关系。在研究对比语言学时，研究重点首先是词语结合，只有掌握了词语的结合关系，才能进一步研究内蕴语言形式，洪堡指出，语言是从精神出发并最终回到精神上的，而对比语言学的最终任务就是研究语言在这一过程中是如何形成的。除了洪堡，在后续还有许多科学家对对比语言学提出了宝贵的建议。比如，丹麦的语言学家叶斯柏森提出了对比语言学新构想，他的著作《语法哲学》中提到了对比语言学的研究目的和研究思路，叶斯柏森将观察法与对比语言学结合，提出了新的对比语言学研究方法，通过这种方法可以对语法进行对比。这种对比方法的局限性更小，它并没有对于语言的语系、起源等内容的具体要求；覆盖面更广，可以研究不同起源语言的对比状况，能将文字、发音、语调都截然不同的语言进行对比研究，对人类的语言学研究发展做出了贡献，能让人们对语言的本质进行更加深入的研究与了解。

可以说，从 19 世纪 20 年代开始的洪堡时期至 20 世纪 40 年代的沃尔夫时期，对比语言学处于形成阶段，此阶段的学者把对比语言学的研究目标、对象、方法和对比哲学的思想联系在一起，认为这些问题与民族思维逻辑经验等哲学命题密切相关。

然而，自 20 世纪 40 年代以来，对比语言学开始进入其发展的第二个阶段，并且重点已经从理论搜索和研究方法转移到了其他领域。美国的应用语言学家，如弗里斯和拉多以美国结构主义语言学和行为主义心理学为哲学和方法论基础，在第二语言教学中采用了比较或对比的方法，这一方法具有重要意义。目的是通过在同步层面上把目标语言和学习者的母语结合起来，找出两者之间的异同，预防和解决学习中可能出现的困难。弗里斯、拉多对此分别做了明确的阐述，即在编写教材时，要注意学习者的母语与其学习的语言之间的关系，通过结合其母语的说明并将学习内容进行细致描写，使其更好地了解、理解学习的外语，这样能提高学习效率。

在教学时采用对比的方法对两种不同的语言进行对比，这样更容易将两种语言的不同特点进行直观展示，其中一个语言一般为学习者的母语或者其已经熟练掌握的语言，这样学习者可以通过其熟悉的语言与其学习的语言的对比关系好地掌握所学语言的特点与特征。对比语言学习采用的方法通常有描写不同语言特点、选择语言之间异同点、对比其异同点、预测学习结果等特点，这些学习方法对于丰富学习者普通语言学理论和提高学习者对语言知识和语言差异的理解能力具有积极意义。然而，教学实践表明，对比分析并不能有效预测和解决学习者的全部语言错误，再加之自身其他的一些痼疾，所以在 20 世纪 60 年代转换生成语言学和认知心理学出现后，对比分析的语言教学手段受到了挑战，并逐渐被偏误分析理论和中介语理论替代。

语言对比研究的第二阶段侧重于比较分析，从应用的角度着重于发音、词汇、语法的微观和静态语言对比，却忽略了社会和文化因素以及在这之中语言的动态变化。这成了最终导致对比分析走向没落的一大因素，同时也促成了对比语言学第三阶段的到来。以 1980 年詹姆斯出版的《对比分析》为标志，对比语言学进入了注重理论建构的新阶段。詹姆斯可能是对比语言学研究史上第一个提出宏观对比研究思想的学者。近年来，随着人们对语言信息和意义的理解越来越深入，人们对宏观语言学的关注度也越来越高。这种转变与人们对语义学、社会语言学、话语分析、言语行为理论和民族学方法论的兴趣越来越浓厚有关。

詹姆斯认为宏观对比是个有待开发的崭新研究领域，虽然他的宏观语言学还只是停留在篇章研究和话语分析的层面上，但由此打开了纵向寻找语言对比单位的大门，在横向上同时也开始寻求语言与社会文化之间关系的研究。第三阶段的对比语言学的另一特点就是注重理论研究和建构。自 20 世纪 70 年代起，对比语言学的研究重心开始从美国转向波兰、芬兰等欧洲各国。

著名语言学家菲齐亚克在 1980—1990 年期间通过对前人研究的进一步发展，编写了多部有关对比语言学的论文集，这些论文集对对比语言学的发展起到了重要的作用。他在第一部论文集《对比语言学的理论问题》中强调，只有对对比语言学的理论进行不断地发展，才能使对比语言学成为一门真正的独立学科，才能让其真正的价值体现。这凸显了他对于对比语言学理论探讨的高度重视。

20 世纪下半叶，新的语言学理论层出不穷。在这一阶段，对比语言学的理论基础涉及语用学、生成语义学、社会语言学、心理语言学、认知语言学等方面，并取得了许多研究成果。1998 年，芬兰的对比语言学家切斯特曼出版了《对比功能分析》一书，这部书被视为半个多世纪以来西方对比研究的集大成之作。

三、国内对比研究的发展趋势

自 1970 年以来，西方比较语言学一直以欧洲为中心进行宏观比较和理论建构，而比较语言学研究在我国也蓬勃发展。1977 年我国学者吕叔湘发表了《通过对比研究语法》一文，对我国的英汉对比语言学发展产生了极大的促进作用。这篇文章的发布后，成为中国对比语言学学科建设的里程碑。此后，我国各界专家共同合作，取得了多个英汉对比领域的研究成果。

可以说，我国已成为对比语言学研究的“重镇”。不过，对比语言学研究在我国走过了一条不平凡的道路。从学科建设角度看，以吕叔湘先生《通过对比研究语法》一文发表为分水岭，大致可以划分为以对比实践为主的时期和有自觉学科意识的时期。在比较研究的第一阶段，我国的对比较语言学的学科建设缺乏清晰的认识。英汉语言的对比主要集中在汉语语法理论的建构上。汉语和各种外语（尤其是英语）之间的比较已成为实现此目标的有意识的举动或主要途径。这一时期又可细分为几个阶段。首先，马建忠在 1898 年出版了我国第一部汉语语法著作——《马氏文通》，同时也是一部对后世汉语研究影响深远的著作。因为他首先在研究中使用比较的方法，所以这本书也被一致认为是我国中外比较研究史的开端。然而，马建忠的年代正是清末国势羸弱、列强横行的时代，坚信语言救国思想的马建忠致力于在拉丁语法框架基础上建构汉语的语法体系，力求将汉语研究融入世界语言研究的范畴中，使其成为世界语言研究的一部分，乃至全人类语言研究的一部分，进而力证汉语并不劣于欧洲。

这一阶段“模仿”“求同”的思想多为后来学者所诟病。真正的对比思想起源于陈承泽在 1922 年所著的《国文法草创》和胡以鲁 1923 年所著的《国语学草创》，他们在鲜明地批评《马氏文通》的同时，强调在对比中对汉语个性的关注。

从两部“草创”开始直至 20 世纪 40 年代末是以对比实践为主的时期的第二阶段。这一阶段“反模仿”的呼声不绝于耳，包括吕叔湘、高名凯、陈望道等在内的诸多学者纷纷主张通过中西对比建立汉语自身的语法和语言研究体系。其中，通过对比寻求汉语的民族特点成为这一阶段的主旋律，如陈承泽提出的汉语没有形态的论断、高名凯实词不能分类的主张等。

这一阶段的比较研究主要集中在反“模仿”的声音上，更多地关注汉语本身，并着力构建汉语语法体系。这种对立和不同的思维方式尤其明显，所以，我国的汉语研究也有许多突破和创新。然而，在 1956 年至 1976 年的第三阶段，曾经热火朝天的英汉对比研究风光不再，甚至销声匿迹。中华人民共和国成立以后，文法学习成为正确使用汉语的根本，可是当时的大中小学中尚无正式的内容完备的语法课程。紧接着，有很多关于学习语法、教学语法和研究语法的书在全国范围内陆续出现，它们代表了语言和语法的不同观点，并受不同语言理论的支配，语法体系出现矛盾不可避免。

中外比较研究的第一阶段可谓波折重重，并不顺利。第一阶段旨在探索汉语的民族特征，比较或对比思想仍处于方法应用的水平，未能形成独立而系统的学科研究。然而，英汉对比研究在 1977 年发生了转折，开始进入了有自觉学科意识的时期。许多理论从外国进入国内，对比分析法成为分析这些理论与新兴内容的重要依据。

但是随着语言学的发展，之前的理论其理论性以及将理论应用到实践中的实践性都有所不足，因此汉语与英语的对比学逐渐放弃了对比学习的应用，将其研究重点转向其他领域。

英汉语言对比研究的有自觉学科意识的时期围绕第二语言教学，走过了十余年的兴衰探索阶段。也正是经过这十余年的铺垫和准备，之后，在 20 世纪 90 年代，英汉语言的对比研究进入了重点通过对比研究发掘汉语语言特点，以促进普通语言学建设的新征程。这一变化纠正了以往不注重应用而注重理论探索和建构的趋势，使英汉语言比较研究能够跟上世界比较语言学的发展。1990 年杨自俭、李瑞华主编的《英汉对比研究论文集（1977—1989）》集中审视了上一阶段英汉对比发展中的问题与成绩，这些内容使英汉语言对比成为热门研究领域。

这表明，比较研究的目的不仅是澄清不同语言之间的异同，而且更重要的是，它清楚和科学地解释了支配表面结构异同的内部因素。这一目标大大提高了比较研究的理论水平。这种从语言对比角度诠释普通语言学内涵的理论，其深度和远见与 19 世纪 20 年代洪堡的思想遥相呼应。对比语言学研究经过百年来的百转千回，终于回到了最初语言哲学家所设定的轨道上。1994 年成立的中国英汉语比较研究会更促进了国内英汉对比研究的发展，成为中国对比语言学研究的重要平台。

第三节　英汉语言在发展中的特点及其对比

比较英语和汉语语言各自发展的历史，可以发现，它们有几个形成鲜明对照的特点。

一、汉语的独立性和英语的开放性

几千年来，汉语是独立发展的，其他语言（包括梵文、通古斯语、突厥语等）的影响只体现在发音和部分词汇上。汉族以外的少数民族进入中原的结果往往是文化同化。只是在近代，我国与西方之间的交流频繁，西方当时在经济、军事和文化上比中国强大，这导致汉语引入了欧洲化语法的一部分，并且外来词数量激增。

与汉语相反，英语在历史上从未中断过与其他语言的交流，不仅是日耳曼语，还有相距遥远的凯尔特语和意大利语。事实上，在盎格鲁－撒克逊、古日耳曼语基础上形成的古英语最底层就有着凯尔特语和拉丁语的投影。之后的几次征服或入侵，总是使英语处在语言冲突的焦点。例如，斯堪的纳维亚人入侵带来了古诺尔斯语，影响了古英语乃至中古英语的底层，英语的第三人称代词复数和一些常用的动词 get、take、give、call 等就来自古诺尔斯语（一般来说，代词和基本动词是很难彼此吸收借用的）。例如，1066 年，诺曼底公爵威廉占领英国，造成了英语的双语现象，不同阶级的人说不同的语言，上层统治者说法语，下层的被统治阶级说英语。处于统治阶级的人并不需要学习英语，因此他们的法语几乎没有受到英语的影响，而下层的被统治者则因为地位关系，必须迎合统治者学习简单的法语或一定的单词，因此他们的英语交流需要借鉴法语，这些单词通常与贵族生活有关。这导致了一些有趣的现象，如一些牲畜有两个名字，当他们还是牲畜时，用英语称它们为 pig、sheep 等，但一旦这些东西出现在较为高雅的餐桌上时便会称呼他们的法语名字，刚才说的牲畜就变成 pork、mutton 等。尽管百年战争使英语的地位得到了一定程度的提升，但长期的诺曼统治导致了上层阶级的双语主义，一些重要的文件和讲话通常用两种语言表达，这使英语吸收了大量反映上层阶级政治和文化生活的法语单词，包括政治、军事、法律、文学、艺术和其他方面的单词。到了文艺复兴时期，英语吸收了各种文化，在此时期，英语不断吸收希腊语、拉丁语等语言，从而改善自己。从历史上讲，英语的发展与英国文化的发展几乎是同步的。在文艺复兴之前，英国一直落后于其他语言，这与汉族在历史上处于优越地位的情况恰恰相反。

工业革命后，英国成为世界头号强国，为了满足资本的扩张，英国仍然要与世界各国产生交流。但自 18 世纪以后，英语就不再像以前那样系统地向外借词，而是分散零碎、常常带有一些猎奇性地借词，如从汉语借用的 sampan（舢板）、chinchin（请请）等。相反，英语词汇却被借到世界各个语言中去。美国取代英国成了世界霸主之后，这一趋势更加加剧。尤其是在最近的几十年中，由于计算机的发展和普及，英语已成为一种国际通用语言。

如果说英语的历史可以以工业革命为界，那么，在此之前是"输入"为主的阶段，英语像海绵吸水一样从各种语言借词，汲取营养，以充实和丰富自己，而在此之后则形成了自己的主体地位，同时仍保持向外开放的特点。从今天的视角看汉语的发展，我们可以将汉语的发展以鸦片战争为界划分为前后两个阶段。汉语对一些其他语言有着重要的影响，如在日语、韩语、越南语等语言中广泛存在着汉语的文字或是与汉语类似的内容，但反过来，汉语中并没有存在其他语言的文字。从鸦片战争之后，汉语第一次受到更先进的民族的语言的影响，外来词的大规模翻译和成品的仓促翻译甚至引起了汉语结构的巨大变化。

但是这两种语言有一个共同点：独立的汉语和开放的英语都具有很强的主体性。中国人在历史上有很强的同化能力。近代以来，汉语在语言交际中处于相对被动的地位，甚至还承受了"全盘西化"的压力。然而，汉语并没有被同化，将来也不会被同化。英语不像汉语那样具有同化性，但它有顽强的生命力。即使在强大的外国文化和语言的统治下数百年，它也不容易被吸收。相反，它在发展过程中形成了一种吸收性很强的语言。

二、汉语的稳定性和英语的剧变性

汉语文字几乎保持了千年不变的形态。汉语是世界上历史最悠久的语系，并且在漫长的历史演变过程中保持了高度稳定。目前，所有受过一定教育的汉族人都能够毫不费力地阅读写于两三千年前的作品，无需接受任何特别的训练，这在世界上几乎是独一无二的。汉语的基础词汇沿用至今，核心词汇几千年来没有发生变化，句子语法变化也是非常有限的。就总体而言，文言文与白话文之间的区别只是使用了不同的虚词和句式，对于语义的表达并没有太大的影响。

英语在历史上经历了几次繁荣和萎靡，相较于此前的状态发生了变化。因此，英语需要划分不同的历史阶段，人们一般将英语划分为古英语、中古英语与现代英语三个阶段，如果人们对比这三个阶段的英语，就能发现不同阶段英语的差别是巨大的，甚至感受不到他们是同一种语言。因此，即使是一个以现代英语为母语的人，想要了解古英语与中古英语也是极为困难的。首先，在不同的英语历史阶段，语言的词语、语音、语法的区别都极大，如古英语和中古英语在英语词汇的拼写上就有很大区别，中古语言到现代英语的拼写与读法的区别同样很大。其次，英语是不断吸收外来文化的语言，这一点在词汇上极为明显。在不同的时代，英语总是会吸收并出现各种新的词语，因此许多词语都具有时代性。最后，每个英语阶段的语法变化都可以说是一次根本性的变化。在历史发展过程中，像英语这样在体裁属性上发生根本变化的语言并不多。此外，从目前的趋势来看，英语仍在向简单甚至非词法的方向发展。

语言的剧变性可以用马克思主义进行研究。结合马克思主义基本原理，人们认为语言从旧质到新质的变化既不是瞬间爆发式完成的，也不是彻底消灭旧语言形成新语言，而是在旧语言的基础上不断积累实现的。语言不断出现新的质，并在此基础上不断替换旧质，使旧质不断消亡，最终形成新语言。人们说的剧变性主要是针对英汉两种特定的语言进行的，如人们只关注英语本身，将时间角度扩大，将英语划分为数千年前的古英语与现代英语并进行对比，那我们必然能够感受到语言变化的强烈，甚至可能会感受不到这是同一种语言，以此体现出剧变性，但实际上这是一个连续的过程，英语的发展是实时发展的，只是时间跨度过大导致变化剧烈。如果将语言变化的视角缩小，只关注某一时期的语言变化（英语的“元音大变动”），就会发现，这种“剧变”是由一个个小变化和一个个不断进行的变化累计形成的，英语的剧变不是突然的瞬间变化，而是一点点累计形成的。

三、文字形式对语言的影响

汉语与英语的发展历史都十分悠久，两种语言在发展的过程中都形成了自己的书写体系，通过书写体系又可以影响语言的发展，进而造成语言与书写形式的循环。

从柏拉图时代起，西方语言学家就形成了贬低文字作用的传统，把文字看成“符号的符号”。索绪尔更认为文字遮掩了语言的面貌，文字不是一件衣服，而是一种假装，并且他建议语言学应该有一个专门的部门去研究文字对语言的影响。

汉字对发音的要求很高，汉字的形态不会随着其发音的变化而改变。汉字甚至可以改变人们的文化，人们为了交流会使用语言与文字，因此这些语言与文字的交流可能会改变文化。西方语言学家喜欢把汉语的几大方言（吴语、粤语等）看作不同的语言，认为它们之间的差别就像葡萄牙语和意大利语一样大，甚至比挪威语和瑞典语之间的差别大得多。我国语言学家认为，汉字在促进汉族人民团结方面具有重要的作用，使人们形成较高的文化认同感，这种认同感具有非常牢固的内聚力，难以被其他文化力量同化。我国语言史上形成了一种独特的现象，即书面语言的长期稳定。古代汉语书面语经过两千年的演变，几乎没有发生任何变化。书面语言不仅在古代白话中具有重要影响力，而且还在现代汉语的词汇和语法结构中具有强大的影响。这种影响源于我国深厚的文化和文学传统，延续至今。

四、英汉语言在近现代的接触

语言可对比的方面非常多，我们通过不同方面的对比，势必能找到两种语言之间的相互关联性。例如，把汉语与因纽特语进行比较，也许我们也能发现在类型学上有什么相同点或相异点，但对语言的学习和使用并没有很大意义（除非有中国人打算去北极探险，要与因纽特人打交道）。如果汉语和英语之间从来没有任何联系，或者在不久的将来没有任何联系的意图，那么比较汉语和英语是没有意义的。上述英汉两种语言的特点主要是在鸦片战争之前的。那时，汉语和英语几乎没有什么关系，汉语的独立性也很好，英语的开放性也很好，两者各自发展各自的，并无交集。但鸦片战争以后，情况发生了变化，外语词汇像潮水般涌了进来，而其主流就是英语。随着 20 世纪白话文逐渐取代文言文，英语对现代汉语产生了极大的影响，许多新词语因英语产生。此外，英语这种开放性的语言在 18 世纪以前都是以“输入”为主的，18 世纪以后，开始向外“输出”了。虽然英语并没有成功融入其他语言的词汇核心中，但至少它对现代汉语的词汇、构词法乃至句法产生了影响，这恐怕不仅是汉语所始料不及的，也是英语所始料不及的。因此，我们可以看到，比起汉语和英语的发展史以及它们之间的接触史，英汉语言对比问题的复杂性更加显著，即现代汉语、古代汉语和英语构成了一个有趣的三角，如图 1-3-1 所示。

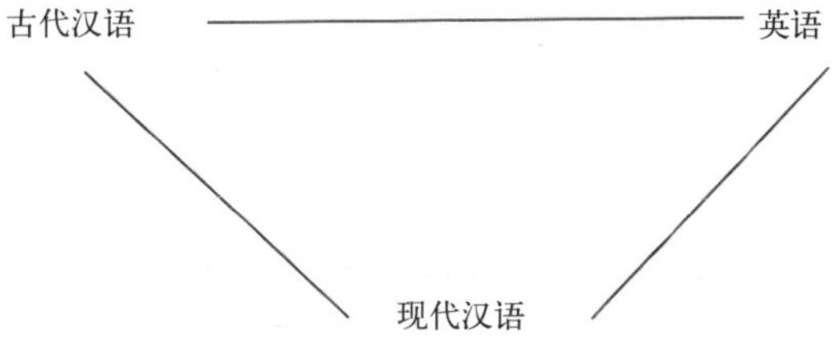

图 1-3-1　现代汉语、古代汉语和英语三角关系图

古代汉语和英语几乎毫不相干，但都对现代汉语产生了影响。现代汉语的基础是古代白话文，但是汉语的书写受到古代汉语书写以及现代英语等语言的深刻影响，并且这种影响随着文体、作者、风格的不同而呈现出层次性。

要区分汉语和英语的“同异”，取决于我们采用何种标准来衡量。如果我们采用欧化、英化倾向较强的翻译体作为标准，那么汉语和英语之间的“同”可能会更多一些；如果以更接近古代汉语或普通话口语的文章为参考，就会发现“异”这个字出现的频率很高。

第四节　英汉语言对比研究的方法与步骤

比较研究在理论和应用上有不同的侧重点。对外汉语专业设置了英汉语言对比课程，侧重于微观研究和实际运用两个方面。然而，这还牵涉一个基本问题，就是应该从哪个角度来比较研究，如基于语言事实、语法框架、汉语或英语等。

一、从语言事实出发和从语法框架出发

汉语和英语的微观对比研究通常从不同的角度出发，如发音、词汇、语义和语法，有时涉及修辞、文化和风格的差异。然而，如果从这些层次进行具体的比较研究，又似乎是无组织的、非系统的，无法形成系统的讨论。本书主张以语法为中心进行汉语和英语的比较，并考虑其他比较方式。这是因为语法体现语言的组织方式及其与语义表达的关系。语法差异是两种语言之间最基本的差异。此外，以语法为中心，可以概括逻辑、语义、文化、语言心理学等诸多因素，这不仅可以突出比较研究的重点，对揭示宏观研究与微观研究之间的联系也有很大的帮助。

要想以语法为中心进行对比，我们首先需要了解什么是语法，要能区分客观语法与主观语法。客观语法是指各种语言客观存在的语言组织规律；由语言学者总结出来的语法体系是主观语法。一般来说，客观语法只有一个，而主观语法可以有许多个，它随着语法学家研究立场和视角的不同而呈现出对语言事实的不同解释。许多语法教材中所讨论的语法往往都是语法学家的“一家之言”，是主观语法的表现，它们在不同程度上努力接近客观语法的真实面貌。在语法研究中，就同一语言而言，不同的主观语法可以从不同的角度相互补充、相互启发，从而获得一些有价值的发现，从而不断接近语言客观语法的真实表达；然而，以不同语言各自的主观语法体系相互对照比较，其作用和价值却有待商榷。在实际对比

中，我们尚无法将两者的客观语法平等对照，而现有主流的汉语语法体系又多受制于《马氏文通》以来的以拉丁语法框架为基础的西方语法体系。

因此，在比较英汉语言时，我们可以找到另一个起点，即从语言事实出发，收集足够的实践中使用的第一手数据并详细描述这些事实，以便进一步讨论、分析和解释其中反映的问题。在这方面，吕叔湘先生曾经做了一个极好的示范。他以毛泽东《别了，司徒雷登》中的两句话及其英译为例，直观地展示了如何从语言事实入手，通过比较发现汉英表达法的共同点和特殊点。

中文原文：多少一点困难怕什么？封锁吧，封锁十年八年，中国的一切问题都解决了。

英语译文：What matter if we have to face some difficulties？ Let them blockade us for eight or ten years！ By that time，all of China's problems will have been solved.

在这短短两句话中，就有许多英汉语言不同的地方。

①第一句的前后两部分在原文与译文的位置中相反。

②“多少一点苦难”中无动词，此处将动词进行了省略，但在译文中不可省略必须体现出来。

③“封锁吧”没有主语，译文中需要明确主语。

④“十年八年”中无连词，英语翻译中必须要加入连词。

⑤“十年八年”中无介词，英语翻译中需要加入。

⑥“中国的一切问题”在翻译后语序发生变化。

⑦原文的“一切”与“都”相呼应，但英语中都是同一个词“all”。

⑧“解决了”一个动词后带着一个助词“了”表示已经完成，而英语翻译中需要用“will have been solved”来表示。

需要指出的是，从语言事实的描述出发，如果仅满足于对零散现象进行分析，即使对上百个句子进行分析，也很难形成对中英文句子的系统的认识。因此，我们必须善于处理描述与解释之间的关系。也就是说，在充分描述语言事实的基础上，我们需要从语法框架出发，将其与思想相结合，进一步对小的研究成果进行归纳和总结，最后指向系统的理论解释。在此过程中，我们不仅可以深入分析小而具体的问题，还可以为理论语法体系的构建奠定基础。

基于这一思想，具体回到上面所引的例子中，我们可以在描写的基础上看出英汉语言在表达上存在着一些规律性的区别。例如，与英语相比，汉语缺少形态，有的意义只是隐含在句子中。例如，“十年八年”没有用虚词连接，仿佛难以判断“十年”和“八年”之间究竟是并列还是选择关系，“解决”后的“了”会让人误以为这个动作已经完成，而实际上只是个虚拟的事实，中国人读到这样的句子不会产生歧义，译成英语就不同了，这些隐含的内容必须通过各种方式一一明示，否则就会造成误解。

二、从汉语出发和从英语出发

（一）从英语到汉语

根据从英语到汉语的方向，通常有两种比较方法。第一种方法是从意义的角度来看英语中的意义是如何表达的，以及与汉语表达的区别是什么。要想找出英语和汉语表达之间存在何种等值或差异，翻译是最直接的方法。例如，章振邦主编的《新编英语语法教程》在介绍英语基数词使用时，指出英文数字的表示形式与汉语完全不同。汉语有“万”字，而英语没有，用英语表达如三万、三十万等数字时须说“thirty thousand”（三十个千）、“three hundred thousand”（三百个千）等。又如汉语有“亿”字，而英语没有，用英语表达“一亿”“十亿”时须说“one hundred million”（一百个百万）、“one thousand million”（一千个百万）。我们需要注意到“千”与“百万”是英语中常用的表示数量的单位。

在引入多个英语单词时，章振邦还对汉语和英语的异构进行了非常细致的比较，以使英语学习者能够理解两种语言中相同概念的不同表达方式。

英语和汉语的倍数在概念上相似，但也有差异，在使用时需要注意。例如，假定某村 1998 年棉花产量为 1000 吨，而 2008 年提升到 5000 吨，就是说增加了四倍，其英语表示法至少可有下列几种。

The output of cotton in 2008 was five times as much as that of 1998.

The output of cotton in 2008 was five times that of 1998.

The output of cotton in 2008 was five times greater than that of 1998.

The output of cotton in 2008 was five times what it had been in 1998.

The output of cotton increased fivefold in the years 1998—2008.

The output of cotton was 400% greater than that in 1998.

There was a 400% increase in the output of cotton between 1998 and 2008.

从英语到汉语的另一种做法是从形式或范畴的角度出发，即从英语语法形式或范畴的角度出发，寻找汉语中的“等值”。但是，在实践中，往往存在许多深刻的问题。因为语言对比的方向是从一种语言到另一种语言，所以倾向于从强势语言转向弱势语言。当前，英语作为世界通用语的地位仍然不可撼动。因此，在单向比较研究中，只要一边是英语，那么从英语开始几乎是人们毫不犹豫的选择。然而，这违反了对比语言学的基本原则。

（二）从汉语到英语

如果我们同意比较的目的是了解不同民族语言的异同，以更好地进行跨文化交流，那么我们就可以改变英译比较的方向，真正尝试从汉语开始调查英汉语言的异同。

从汉语到英语的对比方向也反映在国内出版的一些为来华留学生编写的汉语语法书中。房玉清在《实用汉语语法》的绪论中就专辟一节，为外国学生介绍汉语语法的特点。学习一门语言的语法并指出它与其他语言有一些共同之处是必要的，但强调民族身份更重要。每种语言的语法都有自己的民族特色，如果没有国家认同，将失去作为独立语言的资格，并被另一种语言同化。

《实用汉语语法》以印欧语言为参照，通过比较，从多个方面论述了汉语的特点。例如，西方在表达语言时会经常采用语调来强调语气，而汉语除了语调能表达语气，还常常使用语气助词。

You must be feeling rather tired.

英语中这个句子想要表达不同的语气就只能通过改变语调，很难在这个句子中添减词语来表达语气。但是汉语中可以用不同的语气助词帮助人们更准确地表达自己想表达的意思，如①你一定觉得累；②你一定觉得累了；③你一定觉得累了吧。这三个句子在语气上是有差别的。②句相较于①句更加肯定，表现出更加认可的语气，而③句表达的意思则带有揣测性，表示不那么肯定。

显然，从汉语到英语的英汉语言对比研究不只满足了用英语教授汉语的需要。实际上，汉语作为外语教育，一方面促进了汉语的发展；另一方面，鲜活的汉语又进一步促进了汉语语法的学习。当然，汉语和英语的比较研究也有助于我们深入思考，找出更多我们没有想到的问题。然而，从汉语到英语进行比较研究，可以帮助我们摆脱西方形态学语法结构，反思现有中国语法体系的真实性，探索其精神实质。

第五节 英汉语言文化与思维的差异分析

一、语言与文化的关系

语言不是孤立存在的，文化是语言的内容，语言是文化的载体。一个民族的文化，如思维方式、价值观、审美标准、宗教信仰和风俗习惯等，或多或少是通过语言来表达的。同时，词汇是语言中最活跃的部分，民族文化的特点会出现在词汇中。因此，在理解语言的同时，我们必须掌握词汇的意义。

一方面，语言是文化的一部分，在文化中起着重要的作用，没有语言也就没有文化；另一方面，语言受到文化的影响，反映着文化。语言不仅反映了一个国家的历史和文化背景，而且还反映了人们的生活方式和思维方式。

社会语言是社会文化的一个方面。语言是文化交流的工具，在文化交流与相互学习中，必须使用的就是语言，通过语言甚至可以将整个文化保留、流传下去。语言学习的目的是交流，人际交流只是一种语言现象。在文化的影响下，语言牢固地植根于当地的民族文化中。例如，汉语给松树一词赋予了非常丰富的文化含义，松树给人以坚定不移和诚信的形象。虽然英语单词 pine 同样有松树的内涵，但却没有这种深意。随着语言学、人类学和社会语言学的发展，语言不仅是单纯的语音、语调、语法的总和，它还代表着人们的社会文化，代表着一种社会现象，也是人们认同感的重要来源。在现代交流如此频繁的社会，语言已经是文化的重要部分，语言可以传承、发展文化。因此，没有社会环境就不能使用语言。人类学在社会语言学出现之前，就致力于研究语言和文化的关系，人类学的研究成果毫无疑问对语言学的发展起到了促进作用。

二、英汉文化差异及应用对比分析

（一）英汉文化差异

根据《辞海》的解释，文化有广义和狭义之分。从广义上来说，它指的是人类社会历史实践中产生的物质财富的总和；在狭义上，它指的是社会意识形态和与之兼容的制度和组织。文化是历史现象，每个社会都有与之兼容的文化。从文化的范围来划分，文化又分为生态文化、语言文化、宗教文化、物质文化和社会文化。英语学习是跨语言、跨文化、跨社会的交际活动。语言沟通不仅涉及不同的语言互相转化，还涵盖了文化特征不同的社会之间的文化沟通过程。因此，语言是传递文化的媒介。东方和西方已逐渐发展为两种具有不同语言体系、社会发展背景和历史传承特征的文化体系。

1．英汉宗教文化差异

马克思认为宗教是人民的鸦片，这句话可以用宗教是人类精神的寄托来解释。千百年来，宗教文化作为文化的重要组成部分，在人类精神文明领域发挥了重要作用。它们跨越了历史的时空，从东到西跨越了世界，传承了深厚的宗教文化思想。宗教文化包括哲学思想、伦理道德、生活习俗和文学艺术等，它们渗透到社会的各个层面，给人们的生活带来了巨大的影响，它不仅促进人们团结、增强社会凝聚力，在政治上还有助于统治阶级巩固权威、维持秩序，在精神上还为人们提供慰藉。可以说，中西方宗教在目的论上是完全一致的，但是中西方宗教的精神理念及其对各自文化生活所产生的影响是不尽相同的。

宗教有很多种，在宗教信仰方面，中国人长期受到儒家思想的影响。中国人的宗教信仰是佛教、道教和其他民间宗教在儒家思想影响下的混合体；西方人则以信奉基督教、天主教者居多。我国历史上把孔子创立的儒家学派视同宗教，儒学是中国古代的主流意识流派，儒教与佛教、道教并称为三教。儒教以中国封建伦理“三纲”“五常”为中心，发展“以仁为本”的思想体系，建立人与社会的和谐关系，是中华传统文化的精髓。佛教发源于公元前6世纪至5世纪的古印度，由释迦牟尼创建，其目的是引导人们摆脱生老病死，从苦难中解脱，因此它的宗旨就是“破迷开悟，离苦得乐”。汉明帝时，佛经传入我国。道教大约起源于春秋战国时期，是我国的本土宗教，它是在当时人们信奉神仙、黄老，使用巫术的背景下应运而生的，它的宗旨是“仙道贵生，无量度人”“炼形存神”“与道合真”“乐生贵生”。所以道教讲究道法自然，珍爱生命，珍爱自然环境，追求人与自然和谐共处，实现修身养性、延年益寿。从某种意义上讲，它是对生命积极追求的宗教。从古至今，人们烧香拜佛求的也只是物质上的富足、肉体上的平安。儒家认为人可以成贤成圣、天人合德；道教认为人可以长生久视，飞升成仙；佛教认为人可以断灭轮回，解脱成佛。由此可见，我国的宗教很大程度上是人们自身追求的寄宿地，寄托着自身需求。

基督教发源于公元1世纪巴勒斯坦地区的犹太人社会，并继承了耶和华上帝和救世主弥赛亚等概念。基督教认为，人类天生就有罪，但他们受到上帝的宠爱，因此人类可以洗净自己的罪恶，并通过认识和相信上帝来获得永生。无论西方的宗教是什么，人们的信仰都是精神上的。西方人习惯去教堂做礼拜，告诉神自己心中的忧愁和重担，他们从不祈求物质财富，而是释放精神压力。

自古以来，宗教对我国的政治、经济、文化等各个方面都有潜在的影响，几千年来从未间断过。在中国人的日常生活中，许多习俗、社会文化都受到宗教的影响。从风俗习惯上来看，春节里人们要祭灶王，而灶王就是中国道教中的神仙，是主管饮食的神。还有我们经常听到的土地神、财神、雷神、妈祖等都来自道教。文学艺术和宗教的相互交融在人类创造的各种精神文化中最能得以体现，以佛教、道教中的神仙为题材的作品遍布于诗词歌赋、戏剧、小说、影视作品、古典音乐之中，如家喻户晓的《西游记》就是以唐代高僧玄奘印度取经的故事为原型构造的。宗教文化同样也对词汇、习语等产生了重要的影响，如借花献佛、放下屠刀立地成佛、闲时不烧香、回头是岸、临时抱佛脚等。中国人一直以来深受儒教的影响，在日常生活中，儒家思想一直是我国各民族最基本的价值观。例如，重视集体主义，讲究礼、义、廉、耻、仁、爱、忠、孝。另外，道教也是中国的本土宗教，对中国文化的影响同样占很大一部分，中医养生、武术气功、太极拳剑都来自道教。

由于大多数西方人信奉基督教，所以基督教对西方文化也同样产生了很大的影响。例如，西方人的婚礼都选择在教堂举办，由牧师主持，新郎新娘要在上帝面前许下誓言。同样，英美国家的葬礼也具有浓厚的宗教色彩，葬礼也要由牧师主持，做祈祷，唱赞美诗。在语言体系中，人们在表达赞美、感叹、惊讶、诅咒、发誓等感情时，总是喜欢用上帝（God）这个词。西方人生活中的点点滴滴也无不与基督教有着千丝万缕的联系。例如，数字 13 和星期五在西方人眼中是不吉利的，其实这些都和宗教有关系。据说耶稣死前与门徒共进晚餐，参加晚餐的第 13 个人是耶稣的门徒，正是这个犹太人为了 30 银圆向罗马政府出卖了耶稣，使耶稣受难。参加最后晚餐的一共 13 个人，晚餐的日期恰逢也是 13 日，13 给耶稣带来了苦难和不幸。从此，13 被认为是不幸的象征。另外，圣经的解释者认为，亚当是在星期五被创造的。他和夏娃在星期五偷食了禁果，他们的儿子该隐也在星期五被杀，所以人们把这一天叫作黑色星期五。如果 13 号和周五恰好是同一天，人们通常不会出门。西方文学同样也深受基督教的影响，《圣经》是基督教的经典，它不只是一本宗教读物，其中也融合着历史、文化、政治、经济等，它与古希腊文明一起形成了今天的欧美文化。许多伟大的思想家、文学家、艺术家都曾从《圣经》中汲取营养、寻找素材。例如，英国诗人乔叟的代表作《坎特伯雷故事集》、英国伟大的戏剧家莎士比亚的代表作《威尼斯商人》、英国诗人弥尔顿的《失乐园》和《复乐园》、作家班扬的《天路历程》等都取材于《圣经》。此外，《圣经》中的典故、比喻、谚语、习语等也广为流传，被世人所接受，成为妇孺皆知的日常用语。

经过长期的历史发展和演变，宗教创造了一种丰富多彩的文化。宗教作为中西方文化中不可或缺的一部分，对人们的日常生活、思想观念、文化和语言等产生了深远的影响。它为人类文明的发展做出的贡献是不可磨灭的。

2. 英汉节日文化差异

随着社会的不断发展，一个国家或民族在漫长的历史过程中形成了许多独特的节日文化，形式多样、内容丰富。节日是民族精神和情感的重要载体。由于各个国家所处的地理环境、历史演变、文化背景、宗教信仰不同，因此形成了中西方截然不同的节日文化。

我国的传统节日主要有春节、元宵节、清明节、端午节、七夕节、中秋节、重阳节、腊八节等，英美国家的节日主要有 Easter（复活节）、Thanksgiving Day（感恩节）、Christmas（圣诞节）等。

我国最重要的春节起源于殷商时期年头岁尾的祭神祭祖活动。七夕节始于牛郎织女的传说；中秋节始于嫦娥奔月的传说。腊八节来源于古时人们欢庆丰收、感谢神灵的祭祀活动。可见，我国的节日基本源于宗教活动和民间传说故事。英美国家的节日起源更加多样化，有源于基督教的，如最盛大的圣诞节是基督教徒纪念耶稣诞生的日子；有源于故事传说的，如情人节；有源于感谢上苍恩赐的，如万圣节、感恩节；还有源于历史事件的，如愚人节、母亲节等。

由于文化差异，人们以不同的方式庆祝节日。中国人过春节要扫尘、祭灶、贴春联、包饺子、守岁、拜大年、接神等，这些都是传统的风俗习惯。俗话说腊月二十四，掸尘扫房子，新春扫尘有“除陈布新”的含义，意思是要把一切晦气统统扫出门；祭灶也是重大的仪式，灶王爷管理家中的灶火，是一家的保护神，因而受到人们的崇拜；在除夕夜，人们一整晚不睡来迎接新年的到来；元宵节吃元宵、猜灯谜；端午节吃粽子、赛龙舟；中秋节家人团聚、吃月饼，这些是中国人庆祝节日的传统方式。

西方的圣诞节也是一个家庭团聚的节日，每个家庭都会装饰圣诞树，基督徒应去教堂做盛大的仪式，孩子们在平安夜睡觉前都会在壁炉或枕头旁边放一只袜子，这样圣诞老人晚上就可以在袜子里放礼物；感恩节人们都要品尝火鸡大餐，到教堂做感恩祈福；万圣节人们会举行化装舞会，吃南瓜派，这一天是孩子们最欢乐的时刻；复活节期间人们穿新衣，打扫屋子，表示新生活从此开始，彩蛋是复活节的标志，它象征着新生命会降临。

3. 英汉礼仪文化差异

我国有五千多年的文明史，素有“礼仪之邦”的美称。随着改革开放的推进，跨境交流日益增多，中西方礼仪文化的差异也越来越明显。在交际中，由于人们具有不同的文化背景和生活方式，会产生各种各样的问题，因此研究中西方礼仪文化的差异在跨文化交际中起着重要的作用。

中国人见面打招呼时大多会问“吃了吗？”“上哪去呀？”等，这体现了人与人之间的一种亲切感，而对西方人来说这些问题都属于个人隐私，英美熟人见面谈论的话题经常是天气的状况，如“It’s a fine day”“It’s a cold day”等。曾经有一位英国外教向学校领导抱怨经常会有人询问他要去哪里、要做什么，甚至陌生人也会这样问，他感到很生气，觉得自己在中国没有人身自由，直到外事人员给他作出解释才罢休。另外，中国人见面寒暄还会涉及很多其他方面的问题，如见了老年人通常会询问多大年纪、身体状况，见了年轻人会询问挣多少钱、结婚了没。在西方文化中，年龄、收入、婚姻、家庭情况等话题也都属个人隐私范畴，在谈话中都是应该忌讳的。

汉语中的称谓多种多样，在称呼姓名时可以根据不同情况有不同的称呼。例如，张小源这个名字根据姓名可以称呼为小源、源源；根据年龄可以称呼为小张、老张、张老；根据性别可称呼为张先生、张女士、张小姐；根据亲属关系可以称呼为张叔、张婶、小源阿姨、小源姐姐；还可以根据职业、职务称为张老师、张大夫、张局长等。相比汉语来说，英语中的称谓则比较笼统，对姓名的称谓形式是“名”或“Mr、Mrs、Miss＋姓”，如 Will Smith 可以称为 Will 或 Mr Smith。西方称谓中的 uncle，可以涵盖我国的叔叔、伯父、舅父、姑父、姨父等；aunt 可以涵盖我国的阿姨、姨母、姑妈、舅妈、婶娘等。此外，汉语中可以将人的职业、职务或职称当做他的称谓，如职业有老师、医生等；职务称谓，如局长、经理等；职称称谓，如工程师、教授、博士等。在交流中人们很经常采用形式＋职业、职务、职称等方式称呼某人，如李老师、王医生、张局长等。但在西方，人们很少用职称称谓称呼别人，如果某人是老师则不能称其为某某老师，而应称其为某某先生、某某女士。

在表达对别人的赞美和祝贺时，中国人永远是谦虚的，因为谦虚是中国的传统美德。例如，当给某人礼物时，中国人喜欢说“这是一点小意思，不成敬意”等；西方人向别人赠送礼物时喜欢说“This is my best gift for you, I hope you love it”（这是我送给你最好的礼物，希望你喜欢它）等。在中国，当有人夸赞我们衣服漂亮时，我们心里虽然很高兴，但嘴上还是会客气地说“一般啦，总觉得颜色老气了或款式不大好”之类的话。再比如，有外国朋友夸赞我们的英语说得好“Your English is quite well”时，我们通常第一反应回答“No，no，my English is very poor”(不，不，我的英语很差)。外国人听了这样的回答，则容易产生误解，他们会觉得是在怀疑他们的审美有问题。因此，我们在回答西方人的夸赞时，最好的回答是直接道谢或爽快地接受。另外，中国人在家中宴请客人时，主人常抱歉地对客人说“不好意思，没什么好吃的”。但外国人听了就会不理解：明明是满满一桌丰盛的菜肴，怎么说没什么好吃的呢?

文化的差异是由各民族的历史发展、风俗习惯和思想观念的差异造成的。在比较英汉文化时，不能说谁好谁坏、谁对谁错，因为文化的形成是客观的。文化是一个开放的系统。随着全球化的推进，各国之间的文化交流越来越频繁，不同的文化会相互影响和渗透。因此，文化传统必然会随之改变。目前，英汉文化差异的研究已经成为一个热门话题。要想更好地促进文化交流，必须先对不同地区和民族的文化背景知识和社会习俗进行了解才行。

（二）英汉文化差异在实际应用中的对比分析——以词语应用为例

随着不同国家之间的交流不断加强，文化趋同和语言融合逐渐出现。例如，人们会在公共场所看到英语和汉语共存的现象。例如，当提起世界贸易组织（WTO）、小型镭射盘（CD）时，中外读者都能理解，这种交流是双向的。

然而，在翻译实践中，我们更应该注意词汇的文化差异。语言的基础结构由词汇组成，它是语言中最具生命活力的元素。不同语言的词汇意义范围差异是由它们对民族文化的依赖性所决定的。一个民族共同拥有的事物可能会有一个特定的名称，而这个名称在其他民族中可能无法被理解。例如，我国的旗袍、麻将、气功、乌纱帽等词在英语中都没有对应的单词。同样，英语中的一些词与汉语也是有文化冲突的，如英语 propaganda 并不等于汉语宣传，英语 laborer 并不等于汉语劳动者。

因此，对文化因素的处理在翻译中是非常重要的，因为汉译英的过程不仅是文化载体的变化，还是读者所处的文化环境的变化。此时，我们将面临两类难题：一是翻译的语言没有相应的词语来承载原语言的文化因素，导致词语空缺；二是目标读者缺乏原文所要求的文化背景知识，往往用自己的文化背景去理解原文，造成误解。因此，如何帮助读者跨越文化障碍是译者需要思考的问题。

1. 词汇中的文化

词汇有概念和内涵两种意义。有些词汇是我国特有的，如太极拳、个体户等，尽管英语中没有对应的词语，但可以通过阐释或注释传达，这属于概念意义的空缺，不作为文化意义讨论的范畴。这里所说的文化意义指概念意义之外的能产生联想的内涵意义，这是翻译的主要障碍。

例如，在我国对于一些特点是事物人们会赋予其特定的意义，竹子这个植物就与中华民族的传统文化息息相关，竹子有着坚韧不拔、正直等优秀品质，因此，中国人经常将竹子的这些优秀品质比作人的性格，将人比作竹子来表示他坚定、正直的品质。因此，竹子也成了历代文人雅士在作画、写诗中常用的事物，在中华文化中竹子代表着高雅的风骨。在英语中竹子，即 bamboo 一词就没有什么特别的意义，也无法造成人们的联想与想象，bamboo 这一词汇是英语与其他语言相互借鉴融合得来的，因此更不可能有什么特别的含义。英语国家大多也没有适合竹子的生长环境，对竹子也不够了解，这些都造成了 bamboo 一词几乎没有特别的含义。这样的例子不胜枚举。

反过来，英语中的一些词汇同样存在这样的问题。例如，汉语中的茄子在英语中被称为 eggplant，这两个词语指的实物都是同一种蔬菜，但是在英语中 eggplant 的来历是有意义的，它是带有一定的种族歧视色彩的，但是这个词语在汉语中没有任何的关联意义。

在我国，仁是儒家学说的核心。一个仁字却使译者很伤脑筋，是 love，是 goodness 还是 humanity 或 human-heartedness？其实，仁远不只是这些英语单词的含义。仁字包含了孔子思想的精髓，如仁者爱人、克己复礼为仁。通过许多译者的探索，最后找到英文词 benevolence，这样就接近原义了。

2. 成语中的文化

英汉语言中都有成语，各自在理解上超出了其文字的本意，其交际价值在于语用意义，但其语用意义不同，具有强烈的文化特征。汉语成语是汉语中一些固定的词组或短语，它们经过长期的使用和积累，在语言上具有特定的含义和文化背景。成语在汉文化中独具特色，它们有着固定的结构和表达方式，用来表达特定的含义，在句子中作为一个不可分割的整体来使用。许多汉语成语都源自古代，世代相传，语言表达方式常常与现代汉语不同，它们包含了许多故事和典故。成语是由多个汉字组合起来，形成含义独特、固定的短语，用于表达某种含义或描述某种情境，通常需要根据具体语境理解其含义。与习惯用语、谚语相比，成语更加正式和书面化，常用于文学作品、演讲等场合。

有些汉语成语直接翻译成字面意义就可以了，如国泰民安，即 The country flourishes and people live in peace；前事不忘，后事之师，即 Past experience, if not forgotten，is a guide for the future；隔墙有耳，即 Pitchers have ears 或者 Walls have ears；趁热打铁，即 Strike while iron is hot。

然而，有些汉语成语尽管对字面意义做出了明确的翻译，但仍显意犹未尽，这是因为汉语成语中的故事或者典故体现着我国深厚的文化内涵，很难在译文中表现出来，如掩耳盗铃有以下几种翻译。

① to plug one's ears while stealing a bell deceive oneself.

② stuffing his ears for the purpose of stealing a bell.

③ burying one's head in the sand.

掩耳盗铃这个成语出自战国吕不韦的《吕氏春秋・自知》，其启示为，钟声是客观存在的，不会因为堵住耳朵而消失。

掩耳盗铃这个成语的译文很多，这里仅选择较有代表性的三种译文。译文①增加了 deceive oneself 部分，较好地表达了汉语成语的寓意，但这只是意义上的对应，并没有考虑其历史和文化背景，这样的译文仍然是不能令人满意的。译文②尊重了汉语成语掩耳盗铃的字面意义，但仍然缺失了文化内涵。译文③是英语中固有的习惯用语，意思是看不到自己所面临的危险，这与掩耳盗铃典故中的内容有部分相似之处，是典型的“归化”翻译。

成语掩耳盗铃还有，如 deceive oneself；play the ostrich；run away from one's own shadow；steal a bell while covering one's ears—self—deception；the cat shuts its eyes when stealing cream；use the ostrich like method；ostrich policy 等译文，但都没有很好地表达出该汉语成语所表现的文化内涵。

例如，刻舟求剑也有多种英语译文。

① to cut a mark on the side of the moving boat to indicate the place where one's sword has dropped into the river.

② to nick the boat to find the sword.

③ to take measures without regard to changes in circumstances.

该成语出自战国吕不韦的《吕氏春秋・察今》。这个成语告诉我们，世界上的事物是不断进化和变化的。人们思考问题、做事情，应该考虑这种变化，适应这种变化的需要。

译文①可以说“异化”得很到位，它保证了习语的字面意义和故事的一部分内容，但是无论我们如何看这个翻译都不像成语，更不用说表达出成语的味道。译文②似乎做到了字面意义上或故事意义上的“归化”，然而其他文化内涵就无从谈起了。译文③从寓意上讲是可行的，但从故事意义上来说，并不是理想的译文。

从以上两个例子中，我们可以看到，一些中国成语的文化内涵，以及它们的故事和典故使翻译仍然充满意义，但翻译却很难兼顾成语的各个方面。因此，在一般情况下，字面意义的翻译可以满足读者的理解，但在一些汉语习语没有翻译成文字的情况下，建议译者在直译后使用注释。例如，掩耳盗铃就可以加注释，如下所示。

This phrase tells us a story that happened in the Spring and Autumn period of ancient China.The story was about a tie who had stolen a bell and intended to carry it away on his back, but the bell was too bulky and heavy to be carried, so he tried to break it into pieces with a hammer to make it easier for carrying.However, the bell made a loud noise when he hit it and then he plugged his ears so as to keep the sounds from hearing.This phrase implies that such foolish action violates natural laws and he was out of touch with reality.In the end, he deceived himself.

其实，英语成语的翻译也存在同样的问题，有些成语可以直接翻译成汉语，如 to pour oil on the flame，即火上浇油；to be on the thin ice，即如履薄冰；to fish in the troubled waters，即浑水摸鱼；an eye for an eye and a tooth for a tooth，即以眼还眼，以牙还牙。但是，蕴含深厚西方文化的成语就不能直接翻译了。例如，a big fish in a small pond，即鹤立鸡群；a small leak will sink a great ship，即蝼蚁之穴能溃千里之堤；carry coals to Newcastle，即多此一举、做徒劳多余的事、白费力气。

有些英语成语与其行为方式、哲学观、地理环境等因素有关。例如，第一个案例中，英语 a big fish in a small pond 与汉语的鹤立鸡群有着异曲同工之妙，但由于各自的思维方式不同，其比喻的对象也就不同。英国是一个岛国，四面临海，其生活与海洋息息相关，为此，案例二中英语使用了 ship，而汉语使用了蝼蚁之穴。人们想要完整了解这个案例首先要知道钮卡斯尔是英国的一个港口城市，它以产煤著称，在 1932 年获得了英国国王的挖煤许可，因为此地存在大量的煤，因此往此地运煤是没有意义的。由此产生的习语 take / carry coals to Newcastle 就用来比喻 do something that is completely unnecessary（做完全不必要做的事）。我们再来看一个例子，有个人打算送钻石戒指给心爱的女人，可这对于身为富家女的她来讲根本算不上什么贵重的礼物，所以他的朋友劝他说："You're really carrying coals to Newcastle.She has many a diamond rings."（你真是多此一举。她有的是钻石戒指。）再如，"Selling refrigerators to the Eskimos is like carrying coals to Newcastle."（向因纽特人推销电冰箱简直是白费力气。）。

3. 语用中的文化

（1）不同的民族心理造成的语用差异

第一，在中华大地上，最强的猛兽要当老虎，老虎是人们心中的百兽之王，因此老虎在人们心中代表强大，出现了许多带有虎字的成语或用法，如虎踞龙盘与不入虎穴焉得虎子等，一些故事也用战胜老虎表示其威猛，如武松打虎。但是在英国没有老虎这种猛兽，他们能接触到最强的猛兽是狮子，因此，英语中狮子与汉语中的虎有着极为相似的地位，许多用语中也出现了狮子，如 a lion in the way 可以理解为拦路虎、lion heart 代表勇士，与汉语中的武松打虎有异曲同工之妙。这些都体现了环境不同导致的用语不同，但是这种用语又有类似之处，上述的虎与 lion 只是具体的事物不同，但其指代的意义是相同的。

第二，同一种事物在不同的语言中表达的含义不同，如梅兰竹菊在中国的语言文化中都有自己代表的意志，但是在英语中并没有特别的含义。这种现象是文化导致的，不同的文化导致事物代表的褒贬意思不同，这在颜色中体现得尤为强烈，如在中华文化中红色是一个极其富有情感色彩的颜色，在汉语中红色往往代表着开心、喜庆，如中国俗语中的开门红，在婚庆时要穿红衣戴红纱，过年时要挂红色的灯笼、贴红色的春联，一些名词如红双喜、红军等，这些红代表着胜利、革命、喜庆、幸福、欢乐，在汉语文化中，即使红代表的意思略有不同，也都是代表积极、欢乐、向上的内容。英语文化中则相反，红色往往代表着危险、发怒等，如紧急警报是 red alert，禁止入内可以用 red flag 表示，西方文化中许多恶龙与恶魔的颜色也都是红色，一些说法认为，红色与人的血液色彩相同，因此代表着危险。还有白色，白色在中国文化中往往代表着不好的事情，如丧事人们就以白色祭奠；而西方文化中白色往往代表着纯洁、无暇与吉利，如 white Christmas 意为纯洁的圣诞。

（2）不同的价值观念引发的语用差异

例如，红白喜事为 weddings and funerals。

红白喜事一词是中国特有的传统文化与价值观结合产生出的特定用词。其中"红"代表着婚姻与生日，"白"代表着长寿的老人离世。如果将其直白地翻译，西方人由于文化的不同很难理解"白喜"的内涵。因此，在翻译类似这些内容时，应当抛弃其具体形象的内容，只翻译其内涵与理解，表达出用词想表达出的意思就行。

（3）不同的社会环境造成的语用差异

语言是社会与文化的附属品，所以我们必须要将语言与社会的发展与文化的变化结合起来。不同的社会因素（政治、经济、文化）也会导致语言的变化，如我国自改革开放以来，出现了许多新时代的特有名词，如下海（plunge into the commercial sea；go into business）、大腕（top notch；big shot）、计划生育（family planning）等，我们只能通过其语用意义来翻译。有些词在英语中无法找到类似的词语，还可以采用注释的方式来解释，除了采用其语用意义来翻译，我们可以为其加上注释，以免读者产生错误的理解。

某些具有典型语用意义的话语总是以特定的社会背景为前提。比如，中国人喜欢称对方“李老”以表示恭敬，称呼“老李”以表示亲热；而英美人最怕 old 这一词汇，也恨“老”字。我们还注意到，中国人喜欢用大量的谦辞，虽然表达的意思没变，但是却降低自己的地位以表示出对他人的尊重，如犬子、寒舍等，这些表达只是为了自谦，他人听了也不会真的以字面意义作为理解。但是英语中并没有这种“自贬”的使用方式，因此在语言上也找不到对应的词语。我们再看下面的例子。

“这断子绝孙的阿 Q！”远远地听到小尼姑的带哭的声音。

“Ah Q，may you die sonless！”sounded the little nun’s voice tearfully in the distance.

该案例中，断子绝孙是中国人最狠毒的咒骂，因为“不孝有三，无后为大”的传统观念在中华文化中根深蒂固，而在西方社会，这种观念要淡薄得多，英美读者不可能理解无子，即 sonless 的语用含义，所以在翻译的过程中很难传达出原来的意思，在译文中最好标上注释，如注释上“a curse intolerable to ear in China”在中国难以忍受的诅咒，这样可以更好地表达出汉语的意思。

三、英汉思维及渊源差异

作为一个区域概念，东西方涵盖的范围很广。在这里，我们主要从文化的角度研究东西方思维差异。东方人和西方人由于其不同的社会历史和文化传统，形成了自己独特的思维方式。研究思维方式的差异有助于我们更充分地了解彼此，进行国际交流和相互学习。

（一）英汉思维差异的表现

英汉两种不同的语言和文化体系反映在人们的思维方式上，形成了思维方式上的差异。本节从以下四个方面对英汉思维方式的表现差异进行对比。

1. 直接与间接

如果我们对比英语与汉语的表达方式，会发现英语的表达方式趋于间接，英语中有很多间接或委婉的表达方式，这让人在使用英语进行语言交流时必须熟悉英语的平常语境；而汉语表达相对直白，汉语中使用直白、明了的词语更多。这一差异与文化有关，英语中使用的委婉词语要多于汉语中此类语言的使用。

（1）委婉语

委婉语是一种语言现象、一种文化现象和一种社会现象。在某种程度上，它反映了社会价值、美学和美德。在现代西方社会，委婉语涉及方方面面。无论是在日常对话还是在官方交流中，委婉语、含蓄都被认为是文明和礼貌的象征。委婉语在社会交际中起着重要的作用。

有这样一则笑话，一个外宾想上厕所，便对翻译说“I wonder if I can go somewhere.”（我可以方便一下吗？），而翻译却把 somewhere 误解为“某处”，因而回答道“Yes, you can go anywhere in China.”（行，中国你哪儿都可以去）。外宾不禁愕然。可见，如果不了解英语中厕所的一些表达法是会误事的。在英美国家，上厕所有很多委婉的表达方式，通常见到的标志有 lavatory（厕所）、men’s room（男厕）、ladies’room（女厕）。在旧时的英国上厕所需要花钱，小便不要钱，大便则要花 1 分钱，所以，很多人在表达上厕所时还可以说“spend a penny”，女士一般多用“I need to powder my nose.”。在我国，厕所的说法有茅房、茅厕，委婉的表达有洗手间、卫生间等，但是，相比之下，说法不如英语多，并且在程度上也不像英语那样微妙。

长期以来，人们对死亡的恐惧是司空见惯的。人们总是将死亡与恐怖、黑暗和不幸联系在一起，这导致人们都在避免谈论死亡。因此，有更多关于死亡的委婉说法，尤其是在西方国家，几乎不用 die、dead 表达，人们通常会说 beat rest、to be asleep in the arms of God、be with God、answer the final call、depart to God、breathe one’s last、pay one’s last debt 等。在汉语里，我们一般婉转地说走了、去世了、归西等，也不如英语表达得那么含蓄。

在西方国家，脑力劳动被认为是崇高的劳动，而体力劳动被认为是卑微的劳动。这两种劳动在人们的观念中是截然不同的。为了减轻体力劳动者的心理自卑感，提高其在人们心目中的地位，使他们受到更好的尊重，英语对这些低地位的职业称谓进行了升级和美化。

operator（接线员）——communication monitor（通讯监察人员）。

waiter / waitress（服务员）——dining；room attendants（餐厅管理员）。

undertaker（焚尸工）——funeral service practitioner（殡葬服务承办人）。

butter（屠夫）——meat technologist（肉类技术专家）。

gardener（园丁）——landscape architect（风景建筑师）。

rat catcher（灭鼠者）——exterminating engineer（清理工程师）。

garbage man（垃圾工）——sanitation engineer（清洁工程师）。

hairdresser（理发师）——beautician；cosmetologist（美容师）。

dog catcher（捕野狗者）——animal control warden（动物控制人员）。

janitor（看门人）——security officer（安全官员）/ maintenance engineer（维护工程师）。

这些名字一经改变，让普通工人听起来更像高级工程师和技术人员。在汉语中，尽管像这样的委婉语数量有增加的趋势，但在数量和类型上仍然不如英语，如清洁工、白衣天使等。

（2）含蓄语

西方人喜欢用含蓄的说法来陈述和表达其思想，尤其是英国人，他们善于自嘲，很含蓄，属于那种冷幽默型。相比较来说，中国人更倾向于直截了当，虽然有时也有含蓄的表达方式，但是通常用作修辞手段。英语的“understatement”会把惊人之事说得平淡无奇，把激动化为无动于衷。例如，一个人曾获得过网球冠军，他会说他对网球略知一二；如果一个人曾单独驾驶小船横渡大西洋，他却会说：“我玩过两天船。”英国人对他很喜欢的东西可能只会说声 That's not bad. 遇到不高兴的事时他们也难得勃然大怒。在英国人的日常交流中，这种含蓄的表达方式不胜枚举。

当英国人说“I was a bit disappointed that...”时，则表示“我对……很恼火”，而其他人却理解成“无伤大雅”；当英国人说“I almost agree...”时，他们是想表达“我完全不同意”，而其他人却以为他完全同意；当英国人说“I hear what you say.”时，他们的意思是“我不同意这些观点，不想再讨论它们”。这其实是一种含蓄的反对，而其他人认为他听到了每个人说的话，接受了这些观点；当英国人说“You must come for dinner.”时，这并不是真正的邀请，只是出于礼貌。英文也有一些否定形式，用以增强表达肯定意思的情绪，而汉语则没有相应的表达方式。

① Tom didn't half like that girl.

汤姆非常喜欢那个女孩。

② There is nothing unusual there.

那里的一切都很正常。

③ He has no small reputation as a scientist.

他是名气很大的科学家。

④ I could not agree with you more.

我太赞成你的看法了。

总的来说，汉语中含蓄间接的表达方式不如英语中使用的多。汉语崇尚直接的表达方式，忌讳表达晦涩难懂。

2. 整体与个体

中国传统文化中素有“天人合一”的理念。中华文化更注重综合，思维也是综合和概括的。与中国整体论相反，西方哲学观倾向于追求“天人各一”的理念。东方人的思维习惯是在“异”中求“同”，西方人则是在“同”中求“异”。所以，东西方思维分别为整体性思维与个体性思维，其差别主要表现在语言上。

（1）词汇

就其各自的语言形式而言，汉语构词是综合性的，而英语构词则侧重于个体。汉字由偏旁和部首组成，以部首显示类别，如“女”和女字旁“女”表示女性，汉字有妈、姨、姑、姐、妹等；“手”和提手旁“扌”表示动作，汉字有打、拍、提、推、拉、拿等；“金”和金字旁“钅”表示金属，汉字有金、银、铜、铁、铅、钉等。尽管英语的词根具有类似的功能，但它远没有汉语系统、清晰和生动。在构词方面，汉语经常使用泛化词，其后是具有区别特征的词，以形成新词。例如，“菜”可以组成很多词，而这些词在英语中则都用不同的单词表示，如白菜（cabbage）、芹菜（celery）、韭菜（chives）、生菜（lettuce）、菠菜（spinach）等。英语中各种蔬菜的表达和 vegetable 没有任何关系。这种整体与个体的思维差异还表现在语义上，如汉语中的事情在英语中就有多个单词与之对应。

①政府对整个事情处理不当。

The government has mishandled the whole affair.

②他去那里办事。

He is there on business.

③他知道事情的真相。

He knows the truth of the matter.

④我不相信他会告诉玛丽这种事情。

I don’t believe he would tell Mary such a thing.

英语中对于不同情况下的事情用不同的单词表示，例①中 affair 侧重指必须去做的任何事情或事务，例②中 business 通常指商事，例③中 matter 指一件考虑或讨论中的事，例④中 thing 一般指含糊、不具体的事情。

（2）句法

整体性和个体思维也体现在句法上，主要是汉语句子成分的不完整和英语句子成分的整体性、汉语句子意义的模糊性和英语句子意义的准确性。英语句子必须包含主语，而汉语没有这种要求。例如，“足球赛（你）看不看？”中，主语“你”可以省略，但在英语里就必须加上主语“Do you watch the football game？”汉语思维的特点是从整体出发，其结果是强调整体、忽视个体。例如，中国人若问“吃饭了吗？”这里的饭可指早饭、午饭、晚饭，回答者根据问话的时间来判断，而英语中就必须具体指出是 breakfast、lunch 还是 supper。

3. 主体与客体

中华文化主张以人为本，强调自然与人的统一，没有区分思考的主体和思考的对象。当自然与人结合在一起时，通常会强调人们的主观感受。因此，汉语强调形合意而不是顺应性。西方文化以事物为主体，以自然为基础。西方文化认为人们的思想是独立于自然的，其清楚地区分了主体和客体，强调了主体与客体之间的对立，并经常以客观的态度来处理和分析事物。这种差异通常体现在语言上。在汉语中，有许多活跃的句子和许多个人主语，也有一些句子不能区分自动动作和其他动作；在英语中，有许多被动句，通常以无生命的事物作为主语。

（1）人称和物称

① What has happened to you?

你怎么了？

② The sight of that sweater always reminds me of my mother.

一看到那件毛衣，我就想起了我的母亲。

③ At that moment, a weakness seized her, and she fell.

就在那个时候，她浑身一软，跌倒在地。

④ The artless benevolence that beams throughout his works.

他的全部作品中闪烁着赤诚的慈悲之心。

⑤ It has been found that a person's emotion will affect the body's immune system.

人们发现，一个人的情绪将会影响身体的免疫系统。

从上面的英语例句来看，例句①以疑问代词作为主语，例句②以具体的客观事物作为主语，例句③、例句④以抽象的名词、名词词组作为主语，例句⑤中 it 作为形式主语具有明显的物称倾向，说话者借助它可以避免使用 I、we、you 等人称代词，而相应的汉语句子则都以人称作为主语。可见，英语常以物或抽象概念的非人称作为主语，使事物客观地呈现出来，汉语常以人称代词为主语，这反映了汉语的主体意识性思维特征。

（2）主动与被动

被动语态在英语中广泛使用，这与英语的发展趋势有很大关系。被动句是一种客观的、间接的叙述，是对主体客观色彩的补充。在同样的情况下，汉语更倾向于使用主观叙述，所以使用了更多的主动句。

① He is respected by everybody.

人人都尊敬他。

② This factory was seriously damaged during the earthquake.

地震使这家工厂受到严重的破坏。

以上两个英语例句都使用被动语态，而汉语译文则都为主动语态，特别在科技英语中会大量使用被动句，正如例句②中一句话多次使用被动，翻译中却没有出现一个“被”字。

4. 具体与抽象

西方人更注重抽象思维，西方文化的重要特征之一是“尚思”。然而，中国人倾向于使用具体的形象思维，即用形象表达来描绘抽象的事物。汉英文字的形成和演变是汉英思维差异的最好例证。汉字是由象形文字发展而来的，象形文字具体而直观；英文属于拼音字符，它们被表达为抽象的概念符号，远不如汉字直观形象。这种思维的差异也体现在语言层面：英语常用大量语义模糊的抽象名词来表达具体的概念，而汉语则用形象的汉字来表达具体的概念。

英语单词通过添加词缀使具体的词义虚化，这就大大方便了抽象表达法的使用。前缀和后缀都可以使词义虚化，其中后缀的数量最多、分布最广，具体如下。

-ness 表示性质、状态、程度：oneness、disinterestedness、thoughtfulness、carelessness、slavishness 等。

-tion 一般表示动作、结果：modernization、occupation、realization、decoration 等。

-ty 表示性质、状态、程度：calamity、intensity、alkalinity、modernity、liberality、formality、humanity、gravity 等。

-ism 表示主义、学说、信仰、行为、行动、状态、特征、特性、病态：Marxism、

atomism、criticism、vandalism、barbarism、colloquialism、alcoholism、fatalism 等。

-sion 一般表示行为、态度、结果等：confusion，precision、decision、conclusion 等。

抽象表达法在英语里使用得相当普遍，虚化词已成为一种流行的用法，尤其常用在社会科学论著、官方发言、法律文件、科技论文等文体中。下面的英文选段中就大量使用了抽象词。

Whether the Chinese nation or the French nation, we each inherit and carry forward the national culture is the root, the state of the soul. Cultural diversity is an important characteristic of human civilization. Cultural diversity of the human society, just as biological diversity of the natural world, is an objective reality.Only by respecting the diversity of cultures can make to the development of human civilization.

与英语相比，汉语更喜欢用具体化的词，由于汉语缺乏像英语那样的词缀虚化手段，对于汉语来说，其文字形态是没有变化的，对于相同写法的词语可以说名词、可以是动词，甚至可以作为形容词；但是英语中往往存在着词语形态的变化。基于此，相关学者可以对比英语与汉语之间的翻译来进一步学习研究。

disintegration 土崩瓦解；ardent loyalty 赤胆忠心；farsightedness 远见卓识；perfect harmony 水乳交融；Impudence 厚颜无耻；careful consideration 深思熟虑；One boy is a boy，two boys half a boy，three boys no boy. 这句话可以结合汉语实际将其翻译成：一个和尚抬水喝，两个和尚挑水喝，三个和尚没水喝。

介词是一种虚拟词，用来表达词与词、词与句之间的关系，它在英语中被广泛使用。介词可以形成各种短语，有些可以用来表达虚化的意思，它的意思常常难以捉摸。

① by and by，如 By and by the clouds disappeared. 即乌云不久便消散了。

② be in for，如 Whoever breaks the school windows will be in for trouble！即无论谁打破了学校的窗子，都要受罚。

③ on behalf of，如 I'm writing on behalf of my mother to express her thanks for your gift. 即我代表我母亲写信，对你的礼物表示感谢。

④ for all，如 I wouldn't like to be in his position，for all his wealth. 即尽管他很有钱，但是我也不愿意处在他那个位置。

（二）英汉思维差异的渊源

在追溯东西方民族思维方式差异的根源的过程中，古代东西方社会的自然地理条件起了关键作用。不同的自然地理环境对东西方的经济体系有不同的影响。大多数西方国家都是开放的海洋地理环境，人们常年生活在严酷而动荡的自然环境中。因此，人们主要从事工业、商业和航海工作。在这样的自然环境下，西方人悟出了天人相分、二者对立的宇宙观，他们把宇宙分成两个截然不同的世界，认为世界上万物都是对立的，如人处在支配和改造自然的位置上，不断斗争、征服就是一种天人相分的宇宙观。这样的思维造就了英美民族崇尚武力征服的个性。从古希腊开始，西方人就有重视自然物体研究和探索自然奥秘的传统。随着古希腊经济的不断发展，哲学家们对天文、气象、几何、物理及数学等学科产生了浓厚的兴趣，并渐渐形成了探索西方自然奥秘的科学传统。近现代以来，西方的实验科学快速发展，人们的思维方式也逐渐趋向于注重实证。工业革命以后，西方社会受到大型工业生产方式所具有的组织性、科学性和民主性的影响，培养了西方人较强的斗争意识。

我国的传统经济体系是典型的自给自足型自然经济，这主要是因为它处于封闭的大陆自然地理环境中。此外，中华文化的基础是农业社会。在春秋战国时期，随着生产力的提升和井田制的衰落，农民个体经济逐渐兴起并一直持续至现代。小农经济自给自足的特征限制了人们与外界的接触，导致视野受限、思维局限。在古代的农业社会里，人们发现要想丰收，天气的变化是至关重要的，他们深刻认识到自然对生存的重要性，并且理解了万物之间相互关联、人与自然息息相关的观念，从而将注意力集中于自身。因此，我国传统思维重视个人内在的力量，倡导自主奋斗，并注重把握时机、地域和人际关系。由于这种经济体制的演进，我国社会强调伦理道德、追求和谐稳定，并遵循和为贵，忍为高的处事原则。从道德观差异上看，以古希腊为代表的西方社会的道德取向是以个人为本位，以中国为代表的东方社会的道德取向是以家国为本位。这使得中西方伦理体系和道德规范具有不同的特征，从而导致思维方式的差异。西方社会的思维方式以亚里士多德的逻辑和分析性思维为特征，西方重视公民的个人的利益，并且西方是以自由为其文化形态，许多人认为自由是一个人最重要的权利。东方社会的思维方式深受儒家和道家的影响。它的特点是辩证和整体思维，突出强调个人与社会的相互关联。东方社会以协作和共同利益为重要特征。对于西方社会，契约至关重要，而东方社会则更注重人际关系和亲情。西方社会普遍接受契约精神，这种道德观念来源于基督教的著作，并影响到了社会的各个层面。东方社会非常重视人际关系，这种价值观源自儒家思想，其中的性善论认为人的本性是善良的，因此强调个人的道德修养。西方文化注重竞争，而东方文化则更加注重中庸之道。在西方道德观念中，强调竞争求生存的理念占主导地位，竞争精神是西方人思维方式的典型特点。仁是孔子道德教育思想的精华所在，中国人相信仁爱之心能为人民大众谋福利，中国式思维则强调追求和平。西方文化注重利用理性和推理思维，而东方文化则更注重感性和直觉体验。西方人在逻辑学方面极为精通，古希腊时期起，哲学家们便将抽象的逻辑思维视为认识和理解事物真相的最基本手段。相比之下，中国儒家更注重通过道德情感的实践和领悟来认知事物。古代东西方社会在自然地理条件、经济条件、道德观念等方面的差异，是探寻东西方差异根源的关键。

英语注重抽象思维，而汉语注重形象思维，习惯更具体的表达；英语倾向于整体思维，而汉语倾向于个体思维；英语侧重于形合，汉语侧重于意合；英语对主语和宾语有严格的区分，而汉语对主语和宾语没有严格的区分。此外，思维差异受地理环境、经济形势和思想道德观念的影响。可以看出，不同的思维方式源于文化传统的差异。因此，英汉语言在形式和结构上有很大差异。

第二章　英汉词汇的对比与翻译

本章主要介绍了英汉词汇的对比及翻译，包括英汉词汇特征对比、认知语言角度下的英汉词汇对比与翻译、跨文化背景下的英汉词汇对比与翻译这三部分内容。

第一节　英汉词汇特征对比

自 20 世纪 90 年代以来，词汇学已经作为一门相对独立的交叉学科在西方得到了广泛的重视，这导致了一系列英语词汇学专著的问世。在 20 世纪末，国外词汇学研究领域新增了两个分支，即词汇的语用学和认知词汇的语义学。这些研究探讨的是接触语用学、认知语义学等领域与词汇学、认知语言学的交叉点，着重从语用和认知角度对词汇进行研究。词汇语用学研究的是语言使用中词汇的语用意义。它关注的是语言使用中词义的不确定性处理，包括收缩和扩充等信息加工。此外，研究者还关注特定词汇在话语中的语用处理方式，以及通过这些词汇触发的语用推理和语用待选信息的确定等问题。从认知的角度来看，词汇语义学研究词义概念是如何形成的、词义是如何归类的、隐喻和词义网络的作用、词的情感意义和形象意义，以及词汇的语法化和发展。这些研究是一个新兴领域，目前处于初级阶段，对于学科的构建、研究领域、研究目标等方面还没有完整的定义，也没有统一的研究范式。在我国，词汇学研究十分活跃，成果丰硕。已经有数千篇词汇学论文和数十部专著相继问世。举例说明，包括但不限于苏新春的《当代中国词汇学》、葛本仪的《现代汉语词汇学》，以及符淮青的《现代汉语词汇学》等汉语词汇学的专题著作。许多书籍探讨了英语词汇学研究相关内容，如陆国强的《现代英语词汇学》、张韵斐和周锡卿的《现代英语词汇学概论》、张维友的《英语词汇学教程》、汪榕培的《实用英语词汇学》等。陆志韦的《汉语的构词法》、任学良的《汉语造词法》及潘文国的《汉语的构词法研究》等专著，着重探讨了英汉词汇形态方面的问题。在全球范围内，有许多不同的语言存在着差异，而有些则非常相似。根据形态和非形态的不同，语言可以被分为两种类型：一种是有形态的语言（又称标记语），另一种是无形态的语言（也被称为非标记语）。英语和汉语属于不同的语系，即英语属于印欧语系，而汉语属于汉藏语系。就语言学而言，英语曾是一种具有高度综合性的语言，其单词的形态变化繁多，而汉语则一直是一种具有高度分析性的语言，其单词一般不会随着语境而产生改变。虽然英语是一种形态语言而汉语没有形态变化，表面上看这两种语言很难进行比较，但实际上，它们也有一些共同之处。例如，它们都具有分析性的语言特点，并且在基本句型的构造和表达顺序方面也存在许多相似之处。

如果中国学生想要学好英语，首先要让他们理解汉语与英语的区别与差异，在每一个词语、语调、语法、句子的结构等方式都尽可能地进行对比，让学生体会英语与汉语在各方面的区别，加深他们的印象。这说明了对比英语与汉语的学习方法的重要性。

一、构词特点对比

夸克和里奇等现代语言学家将词语划分为“开放类”与“封闭类”两大类，“开放类”词语包括名词、动词和形容词与副词，这些词语的内容很多，但也容易变化，如新的事物出现会导致新的名词出现，随着事物的发展，一些词语也可能会停止使用，因此“开放类”词语是有可能发生变化的词语；而“封闭类”词语一般是虚词，其中包括连词、介词、代词、限定词等，这些词的词汇量并不会特别多，但很难改变，在其他文化与现有文化交融时也很难改变这些词，它们一般无法被扩充。

当代英语中的词语构成主要有词缀、合词、转类、逆构和缩略等。也有人认为英语构词法由拼缀与旧词转义两种方法构成。

拼缀、组合是英语词汇一大特点，英语历史上许多的新词汇都是通过拼缀、组合法形成的，这种方法广泛应用于新词汇的诞生过程中。这种方法使新词汇的产生极为简便，人们不必为了新出现的事物的名称而绞尽脑汁，并且通过此方法产生的词语会呈现一定的规律，这些新词汇并不会与原先的词汇毫不相关，这样也利于人们接受与理解新词汇。例如，“Internet”“E-mail”等，通过上述词汇我们可以看出通过拼缀、组合形成的词语往往具有修饰或者限制的作用，英语往往采用熔接式的创造方法，在创造词语时将词根与词缀拼接到一起，而汉语创造词语多采用粘着式的方法，使人们更加便捷的理解词汇。

现代汉语的构词法也主要由两种方式构成，一种是单纯词，另一种是合成词。根据词语的音节我们可以将这些词语分为单音节、双音节与多音节词。在词语的形成与人们对于词语的理解过程中，双音节词语占有一定的优势；但单音节词语受到的限制较少，使用起来较为灵活。例如，“马术”一词由“马”和“术”二字构成，人们非常清楚“马”与“术”的意思，在看到“马术”一词时会快速地明白这个词的意思。例如，“电”这个字的组成词语有电视、电脑、电灯、电话、电车、电路等，这些词语都是采用这样的构成法，采用两个人们熟知的事物并将其进行组合，让新接触到的人立刻明白其大致意思。这种词根复合法构成的词语是汉语中出现新词汇的重要方法，这种方法的使用极大地丰富了汉语的词汇量，并且出现的词汇易于理解。上述例子也可以说明汉字的组成词是要比原先单个词语的意思范围缩小的，这是因为构成词的构成要素之间存在相互制约。这种方法构成的汉字也是新汉语词语出现的主要来源。

我们可以将英语中的旧词转义法与汉语进行对比，英语中以前存在这个词，经过语言的发展，这个词语出现了新的意思与解释，可能保留旧的意思也可能旧意思消失。例如，bird 一开始就只有鸟这种意思，但后来，尤其是在英语口语中也可以指代漂亮的姑娘，随着科技的发展也可以指代飞机，火箭等；再如 run 在不同的意境中出现不同的意思，如 to run a home（经营一个家庭）；to run us to the station（把我们送到车站）等。run 的意义涵盖非常多，汉语中并没有包含这么多意思的词语。这些词语的出现是由于时代的发展和新事物的出现，使人们联想到旧词语的一部分，使用旧词语指代新事物。例如，鸟和飞机、火箭都有着会飞的特点，因此人们会从飞机联想到鸟，因此以鸟指代飞机。汉语中也有类似的转义，但这种情况并不常见。例如，“城”一词在古代指代保护都市的外墙，此外墙一般包括两层，里面的部分叫“城”，外面的部分叫“郭”，而随着时代的发展，在现代，“城”可以指代同类建筑的聚集地，如娱乐城是娱乐建筑的聚集地，大学城是大学的聚集地。但这种词语创造的方法在汉语中较为少见。

二、形态特征对比

在语言中，词汇可根据其形态分为孤立语、黏着语、曲折语和综合语。按照语言形态的特征，汉语是很接近于孤立语的语言，汉语没有标记形态，是无标记语言。欧洲的语言大多形态丰富，具有许多标记。在一些语言里，形态是语法的根本。形态变化的方式也很丰富，包括附加、内部曲折和异跟等，如英语中时态的变化、形容词的比较级与最高级等，采用的方式为内部曲折与异根的方式。采用内部曲折方式，如长大 grow–grew，采用异跟的方式，如变坏 bad—worse—worst；在汉语中单音节的字非常多，他们往往没有形态的变化，但是即使不变化也能有多种意思的表达。例如，汉字中的多音、多意字在使用过程中极大程度地丰富了汉语的内容，使人们在使用语言的过程中更加方便快捷。由于汉语的词语形态变化极少，因此汉语语法不涉及动词与名词，汉语的语法主要在于语序与虚词的使用。例如，在动词后加入了、过等，或者在表示负数时加上们。汉语中的动词与形容词是可以作为主语的，这与英语有着很大的区别，如对手的失利鼓舞了我们，这里失利是动词但是却用作主语，但是这种动词用作主语时往往需要加入一定的限定词；而英语中想将动词用作主语一般要在动词前加 to 表示不定式，或者动词加入 ing 表示动名词。

三、词汇意义对比

语言学家将不同的语言按照其起源与发展划分为不同的语系，英语与汉语属于不同语系，但是英语和汉语都是古老且发达的语言，他们都有着悠久的发展历史。汉族与使用英语的民族文化存在差异，导致两民族的习惯、思维方式等不同。对于词汇的使用，不同民族之间也势必会在使用方式上有所不同。但相同的点在于名词的使用，如汉语中的桌子，很容易就使人联想到上面可以放东西的家具，这与英语中的 table 区别不大，即使中国人脑中的桌子是圆的、英国人脑中的桌子是方的，也不会影响人们的正常交流。英国语言学家将词义分为三类，分别是理性意义、联想意义和主题意义。理性意义一般指概念，他是比较固定不易改变的；联想意义是指人们生活中使用语言时联想到的经验，它能表达人们在使用语言时的感情；主题意义指人们借助于组织信息的方式来传递一种附加意义。尽管人们都存在语义系统，但这并不意味着人们理解世界的方式是相同的，人们会根据自己的经验对世界进行理解，因此对不同的人来说，同一件事物可能会出现不同的理解。

由于语言环境的不同以及使用语言的人的社会文化不同，同一词语在不同国家会出现不同意思，甚至在一些国家这个词语是正面、积极的意思而在另一些国家这个词语是负面、消极的。例如，capitalist 一词意为资本家，在我国这样的社会主义国家中会明显带有贬义，但在资本主义国家就是褒义词，代表着成功与财富。同理，农民一词在我国就有明显的褒义性，而在一些使用英语的资本主义国家 peasant 一词就有贬义性。

语言是人们约定俗成的交流工具，它与人们的生活息息相关，如英语与汉语中都有将动物进行比喻的语言，但是生活中的经验天差地别，导致人们对动物进行比喻的方式也有很大不同。例如，在英国人眼中，狮子是百兽之王，因此狮子在英语中象征着勇猛与王权；中国人眼里老虎是百兽之王，因此一些成语中会表现出老虎的力量，人们也经常使用虎比喻人勇猛，如五虎上将。除此之外，英语与汉语中都有类似龙这种传说的生物，在西方文化中，dragon 是邪恶的象征，它们口吐火焰，在天空中翱翔进行破坏；而在汉语中龙是祥瑞、吉祥的象征，它们也会飞，但会带来降水，帮助老百姓的庄稼生长，为人们带来美好与幸福。因此，在俗语中常有望子成龙来表示父母对孩子未来的期待，也有卧虎藏龙来表示人的厉害。在中华文化中，龙还是皇权的象征，也代表权利。狗这种动物在英语与汉语中的地位也不同。在汉语文化中狗并不是一个地位高尚的动物，虽然它也会帮助人们，如看家护院，但是狗一直跟在人们后面和需要靠人的喂养才能存活的生活习性，导致狗的地位极其低下。在汉语中狗大多用于骂人，如狗仗人势、狗腿子、丧家之犬等，这些词语带有强烈的攻击性与贬低性。但在英语语言的环境中，狗是许多人心爱的宠物，许多人把狗当做自己亲密无间的朋友，一些人在介绍家庭成员时，甚至会顺便介绍他们家的狗，在生活中许多英国人也会将狗当作家庭成员，人与狗一起去郊游、一起去度假。正因为英国人与狗的良好关系，英语中的带有狗的词语往往带有一定的褒义性，如 love me，love my dog（爱屋及乌）、a lucky dog（幸运儿）、top dog（最重要的人物）等。

历史文化的不同势必会影响不同人对同一件事物的思考。具体如以下对话。

教师说：Are you a family man?

学生说：Yes.

教师说：Do you have a son?

学生说：No，I got married last month.

上述对话中的教师与学生明显出现了对文化不同的理解，学生并没有理解英语中 family 指的是拥有子女，而汉语中只要结了婚就叫成家了，因此造成了误解。除此之外，还有 intellectuals 在英语中指的是取得较高学术地位的人，一般是大学教授及以上；而中国的“知识分子”明显包含更大的范围，只要有一定学问的人都可以叫作知识分子。中国的成语亡羊补牢其实是一种暗喻，表面说晚了但其实想表达的意思是为时不晚，还来得及。但是英语中的 shut the stable door after the horse as bolted，其暗喻就是实在不行了，实在太晚了。可见同一个词在不同的文化发展过程中也会产生不同的意思。

四、并列词语顺序比较

关于语言尤其是词语的顺序，在英语与汉语之间也有着不同之处。例如，汉语中经过无数个日夜、陷于水火中的日夜与水火表达的意思是相同的，按理字面意思来看即使颠倒也无所谓，但实际上并没有人会说夜日与火水，这是人们长时间的习惯所导致的，并不能随意颠倒。在英语中主要存在三种语序：第一种表达是和汉语中刚才提到的日夜与水火这样的词语类似的，语序完全不能颠倒，这类词语多根据事物发展的主次或先后进行排列，是有一定规律的。第二种是根据语序强调并列词中的一部分，这种使用方法较为灵活，使用的方式在于使用人的意图。例如，英语中的日夜既可以说 day and night 也可以说 night and day，使用哪种方式主要看使用者想要强调 day 还是 night，如果强调 day 可以使用 day and night 的表达方式，如果想要强调 night 则采用 night and day 这种表达方式。第三种则是汉语与英语的语序完全相反，并且词语在这两种语言中的顺序都不能改变，如汉语的水火，英语的表达方式是 fire and water；汉语的钢铁，英语是 iron and steel；汉语的衣食，英语是 food and clothing；汉语的“迟早”，英语是 sooner or later 等。通过上述比较我们可以发现，语言与汉语的词序有着一定的不同，汉语词汇顺序大多不能变化，而英语中词序的顺序应用稍微灵活，并且词语的出现都在逻辑上或者习惯上存在一定的约束。

根据以上比较，可以明显发现，在语言的三个要素中，即语音、语法、词汇中，最难掌握的要素是词汇。其中的原因在于语言中词汇的数量极其庞大，许多词汇都是约定俗成的，而且在不断发生变化。此外，词汇是构成语言的基础元素，语言和文化之间是紧密相连的。为了真正掌握外语，必须深入了解其所蕴含的文化内涵。因此，在教学中有针对性地比较和分析英汉词汇、引入相关文化因素可以帮助学生更好地掌握词汇并理解所学内容。因为英语是一种形态语言，而汉语是一种非形态语言，所以为了更好地教学，需要找到适用于这种特点的教学方法。毫无疑问，获得第一语言和学习第二语言的机制完全不同。外语教育工作者和语言对比研究者需要进一步探索和解决的问题是如何减少母语汉语对英语产生的负迁移影响，而不改变所传达的意思。

第二节　认知语言角度下的英汉词汇对比与翻译

一、范畴化和概念化的对比

范畴主要指的是人类以互动体验为基础，从思维层面出发对客观事物的普遍本质进行归纳、概括与反映，是由一系列聚合在一起的属性所构成的完形概念。范畴是认知主体对外界事体属性进行主观概括，是以主客观互动为基础对事体归类。①

根据认知语言学的观点，人类的认知过程始于范畴化，即通过感知体验获得概念，并在此基础上逐步形成语言。人类大脑的神经在不断地进化着，其基本方式就是把一个事物或现象看作它所包含的两个以上对象之间关系的总和，即形成了范畴化和概念化的心理过程。概念系统的构建是基于对范畴的归纳和整合成的。范畴是对客观事物的本质或规律进行的一种抽象概括，它能反映出对象之间的相互关系，并使之成为一个有机整体。因此，范畴化作为范畴与概念形成的基石，为语言奠定了坚实的理论基础。概念作为人脑对客观事物本质属性的反映，其产生与发展都离不开一定的背景知识和经验积累。概念作为一种基本的理性认知形式，不仅是人类思维的基本单元，还是人们进行判断以及推理的关键性基本元素之一。概念有不同的分类方式，在同一语言中可以有许多不同的名称。就本质而言，范畴的塑造过程是概念和意义的塑造过程。在人类社会发展的历史过程中，由于各民族所处的自然地理环境不同，其文化传统各异，因而各个民族之间存在着大量的相同或相似的语言现象。每个民族都共享着这个过程，但它所塑造的范畴、成员以及最终呈现的词汇意义却存在着差异。因此，我们可以根据不同语言中的概念及其构成方式来考察它们之间的异同。

例如，关于英语中的set the table和汉语中的放桌子这两个概念的分析。人类在进行共有的饮食活动之前，均必须在烹饪完成后，对用餐场所和器具进行充分的准备，为了能够使进餐更加顺利，人们首先会通过各种工具来完成自己的劳动任务。尽管此类预备活动的具体情形各不相同，但作为日常生活中不可或缺的活动，每日均需进行数次，其相似性显而易见。在这一过程中，我们可以感受到食物与工具之间的相似或相异，并产生一种亲切感。人们基于此体验并运用自身

① 王寅．认知语言学[M]．上海：上海外语教育出版社，2006．

的主观能动性，在与其他活动区分开的同时，也将其归为同一类别，以便于认知加工和符合经济原则。所以，站在家族相似性的层面来看，范畴化的目的在于最大化同一范畴内成员之间的相似性，同时最小化不同范畴内成员之间的相似性。范畴化是通过使某些属性重复出现实现的，如一个词可以用它前面所有的词来表达。人类心智中储存着这样一种范畴，随着概念的形成，这些概念逐渐转化为具有意义的形式。当特定的语言形式被赋予意义后，它会成功转化为一种外部的语言符号，即词汇。

范畴化和概念化的过程在两个不同族群中必然呈现出相似之处，这一点可以从两种语言均有词汇来表达的事实中得到证实。然而，在词汇化的实际过程当中，出现了不同的观点和立场。英语中的 set the table 和汉语中的放桌子除了在发音和词形方面存在显著差异，这两个民族都一致认为桌子是最具代表性的物品，以代表他们的准备活动。根据认知语言学的范畴理论，笔者对词义的差异进行了深入分析。在对 60 名英语专业学生进行实验时，被试学生被要求在 set the table 或放桌子词义范畴下列出成员，这些成员是具有类似特征的活动。大多数学生提及了摆桌、取碗、盘碟等活动，也有一些学生想到了西方餐桌上常见的刀、叉子和餐巾，但没有一位学生提及西方餐桌上必备的小瓶盐和胡椒瓶。想象一下，当西方的学生进行同一项测试的时候，他们并不一定会使用筷子一词来表示。显而易见，这两个词义之间存在着巨大的差异，同时也是文化上的差异。在英语和汉语中，桌子、碗等物品是两种语言所共有的物品，而筷子和叉子的缺失是跨文化交流导致的。相较于其他容器，撒盐和胡椒的小瓶呈现出了英汉范畴化和概念化的显著差异。笔者主要从认知角度分析了撒盐和胡椒之间所表现出的差异。在中国的烹饪文化中，盐、胡椒等调味品被添加到菜肴中；在西方的餐桌上，人们则直接将它们添加到已经烹饪好的菜肴中。这两种物质在烹调时并没有发生关系，但是在汉语中它们之间存在着联系。所以，在汉语中，这两个物体虽然同样存在，但均被归入烹饪范畴之中。

综上所述，在范畴化的过程中，概念出现了显著的差异，导致两个相似的词汇在意义上存在十分显著的差异。在英汉对比的过程中，我们需要注意到 set the table 及放桌子这两个概念涵盖的范畴之间的差异。

二、范畴原型的对比

原型范畴理论认为，人们不可能完全客观地认识外部世界，隶属于同一范畴的各成员之间不存在共享所有特征的现象，这些成员只具有家族相似性，范畴的边界是模糊的，范畴内的成员地位不相等。[①] 在范畴的形成、塑造以及理解过程中，原型扮演着至关重要的角色。对于原型这一术语，学者的解释存在差异，总体而言，原型是范畴的核心成员，也是最好的范例。在一类事物中，原型是最具代表性的，具有最大的家族相似性，与其他非原型成员共同构成了范畴。范畴的核心成分不是原型，而是那些能反映出特定意义或功能的具体词语。非原型成员的家族相似度存在差异，导致他们的社会地位存在不平等的情况。原型概念还可以用于指称某一特殊对象，如动物、植物或社会生活中的某一个人等。在语言中，词汇体现了范畴的本质，范畴则呈现出原型效应。词的意义来源于词源，词义又受到社会、历史、文化等因素影响。词汇范畴的原型效应在一词多义和近义词现象中得到了充分的体现。

在语言中普遍存在这样一种现象，即一个词的多重含义构成了一个词义范畴，这种现象被称为一词多义。例如，对比英语中的 heart 和汉语中的心，这两个词均具有多义性，它们共同构成了一个相似的范畴结构，其中前者主要指的是心脏、心形的东西、红桃等；后者主要指的是心脏、中心等。心脏作为原型成员，是这一词义的典型代表，同时具也有最大程度的家族相似性；其他词义则属于非原型成员，具有一定的家族相似性，并且和这一典型词义存在联系。对比这一范畴的构成，可以发现这两个词的原型词义完全相同，大多数非原型词义也相同，但是在心形的东西和红桃这两个意义上，出现了汉语中的一些缺项。

近义词的出现，彰显了语言表达的多样性、丰富性、独创性以及创新性。在语言运用中，人们对同一个词运用不同的方法去理解它，因而也就会形成不同的词义系统。一个语义范畴是由那些能够表达相同含义的同义词所构成的，如对比一些主要用于表达笑的英汉词汇，以便更好地理解它们之间的差异。

howl 狂笑、sneer 冷笑、bitter smile 苦笑、beam 笑逐颜开、smirk 傻笑、bland smile 媚笑、chuckle 吃吃地笑、giggle 咯咯地笑、grin 露齿笑、dry laugh 干笑、cackle 叽叽嘎嘎地笑、roaring with laughter 哄堂大笑、titter 窃笑。

众所周知，在英汉两种语言中均存在一个以笑和 smile 为原型的近义词范畴，这两个概念都包含了大量非原型成员。家族的相似性在其他非原型成员中表现为小于原型成员，这是因为它们各自代表着一种独特的笑容方式。在英汉语言中，非原型成员的数量和词化程度存在显著的差异。无论是 grin 还是 chuckle 在英语词典中均是单独的词语，但是在汉语中要想将其完整表达出来，需要用词组来表

① 王寅．认知语言学 [M]．上海：上海外语教育出版社，2006．

示。在汉语中，独立成词的媚笑和哄堂大笑在英语中需要以词组的形式呈现。这一对比进一步引发人们的思考，如对词汇范畴的界定问题及哪种语言的词汇化程度达到了较高水平等。

三、范畴扩展过程的对比

在英语和汉语中，词义的演变带来了词义范畴的扩展，这是词义的多样性导致的，同时词义范畴的扩大又会使其内涵发生变化。在词义的演化过程当中，原型范畴中的词义以原型成员为中心，逐渐向非原型成员转化。这种演变并非随意而为，主要是通过家族相似性、隐喻等某种特定的语义延伸机制塑造的。通过对比英汉词汇的差异，人们能够从范畴的拓展过程中获得更多的认识。

当某种新的概念无法通过恰当的词汇将其表达出来时，人们会通过思考并发现事物之间存在的关系以及相似之处来寻找概念之间的联系，用熟悉的概念范畴词汇来诠释和表达全新的范畴概念，这一过程被称为隐喻。用某一领域的经历来理解另一领域的经历就是隐喻的基本功能。因此，隐喻不仅是认知手段还是交际工具，更是一种直观的体验方式，它能够将不同领域的事物联系在一起，从而形成抽象的概念，使我们能够更好地理解它们之间的关系。同时，隐喻又能帮助人们了解过去经验对现在的影响，通过隐喻，旧词得以源源不断地获得新的含义，从而进一步拓展词义范畴。隐喻无论是在解释词汇意义之间的演变过程，还是解释词汇意义之间的相互关系，均具有显著的应用价值。整个英语词汇的发展都建立在隐喻模式的基础上，隐喻模式为英语词汇其提供了一种独特的表达方式。隐喻不仅用于英语的词源学研究，也应用于语言学的各个领域，如果在语言中不使用那些由隐喻构成的词汇，而是将多义词用一个独立的单词表达出来，那么语言中的词汇量将会达到难以想象的程度。

当人们表达熟悉又常见的概念时，为了追求新颖、富有创造性的表达方式，会采用陌生且不常见的表达方式。这种变化就是词汇化过程，即从已有词语派生出新词语或词组的过程，这样一来，词汇的内涵也将得到全新的诠释。在语言运用上，新词语通常能引起读者极大的兴趣，并使他们产生联想，从而丰富词汇的内涵。例如，在表达胆怯这一概念时，人们经常使用胆小等词汇来描述，并且按照人们已有的丰富经验，认为老鼠是一种典型的胆怯动物，所以无论是英语还是汉语，均倾向于用老鼠来比喻那些胆小的人。在英语中，mouse 一词所指的是那些缺乏勇气的人，在汉语中，则用来形容那些胆小如鼠的人。老鼠与胆怯分别属于两个截然不同的概念范畴，前者是具体的概念，后者是抽象的概念。这两个词汇在某一点上具有相似性，导致它们被合并在一起，从而让胆小这个词更加生动和形象，同时也为老鼠赋予了全新的含义。随着人类社会发展和文化传播，许多词语都可以从胆小这个词类引申出来。然而，由于不同民族的独特体验和独特的创造性，这种拓展方式将呈现出多样化的面貌。在汉语中，老鼠是一种典型的胆怯动物，然而在英语的习语表达中，人们更倾向于使用 as timid as hare 或 as timid as a rabbit，可见在英语中兔子则成为这一类动物的典型代表。另外，在一些习语和成语里还存在着大量的跨类的隐喻，由于人们想象力的无限和个体体验的差别性，跨越不同领域的隐喻除了具有动态性，还具有一定的开放性，因此在词汇扩展的意义上，不同语言之间会呈现出差异性。

对于跨范畴的隐喻而言，一方面是人们形成推理、认知新事物以及创造新词汇的根本方式，另一方面也是一种连接语言与概念化的具体认知过程。隐喻不仅能帮助人们理解抽象意义上的事物或现象，还可以帮助人们对复杂情景下的事物做出恰当的反应。语言的进化，就某种程度来说与激发想象力和创造力、提高认知事物之间联系的能力、推理和形成抽象概念的能力存在密不可分的关联。通过比较英汉两种语言的变化和发展，人们可以在解释语言表达的丰富性的同时，也认识其差异性，并在跨文化的语言使用过程中将人独有的主观能动性淋漓尽致地发挥出来，通过对隐喻机制创造性地灵活运用，积极拓展观察世界与分析世界的有效方法。

综合考虑两个民族在范畴划分、典型选择和扩展过程等多个方面的差异，我们能够发现，尽管不同民族在认识客观世界的时候存在相似的认知活动，但在词汇化期间却呈现出完全不相同的结果，这说明语言是客观事物的反映形式，也就是人们认识客观世界的工具。人们认知方式的相似性在两种语言中得以体现，不同民族在词汇化中所经历的体验、选择、想象力以及创造性呈现出各自独特的差异。总的来说，人类的主观能动性在语言和客观世界之间发挥着重要作用，语言符号和外部世界之间并不存在直接的客观对应关系。语言作为一种社会现象，具有其自身独特的规律，也会受到外界因素的影响，并且这种影响通常表现为文化层面的差异。语言是人类与自然世界相互作用的产物，正是由于认知和思维上的差异，才逐渐使不同民族语言的表达方式呈现出多样性。

所以，站在认知的层面比较和研究英汉词汇是一种极具价值的方法。词汇的分类并非仅限于词性和词形，而是基于词义范畴进行科学、合理地划分，通过对每个范畴的成员、原型等进行对比，我们可以更好地认识语言系统内部的规律及差异。对于词汇意义的比较，不是简单地理解词典中所列出的含义，而是从词汇的基本范畴以及词汇之间内在的认知联系来掌握其含义。在范畴的塑造过程中，范畴原型扮演着至关重要的角色，然而范畴原型的个性化是这一对比所面临的主要难题。社会经济发展水平不平衡、民族文化差异、语言使用习惯的差别及历史演变等导致了同一概念可能包含多个不同的范畴原型。例如，由于原型样本所处的生活区域、文化背景等多个方面的不同，所以在语料选择和调查范围等方面对比研究的要求十分严格。另外，汉语本身的特点造成了语义特征的差异，所以这一点在一定程度上制约着比较研究。透过对比不难发现，词汇与认知之间存在着紧密的联系，词汇化是一种范畴化和概念化的产物，同时词汇与认知之间有着密切的关系。由于原型选择和范畴扩展的动态性和创造性，认知具有高度的个性化特征，并且词汇在塑造认知方面扮演着不可或缺的角色。词汇的获取过程与认知能力的发展相互促进，二者共同构成了一个完整的认知体系。词汇作为一种符号系统，它既反映了一定时代的社会经济生活方式，又体现着人们的世界观和价值观，一旦某一种语言中的范畴和概念以词汇的形式被固定下来，它们就会以文化传统的形式传承下去，延续至后代。不同民族、地区由于历史条件和地理环境等因素的影响，其范畴特征表现出明显的差异性。对比东西方范畴的形成差异，可以发现词汇在思维塑造方面起着不可忽视的重要作用。例如，当中国的母亲向子女介绍非血缘关系熟人的时候，她们会说“叫姐姐”“这是李阿姨”，孩子在这一过程当中所获得的概念是人与人之间存在着一种类似于血缘关系的纽带。在中华传统文化中，家族关系和宗族谱系被视为至关重要的元素，在这种情况下，孩子就能得到一个认识世界的机会。在西方国家，则会说“这是朱丽”等相关的介绍，孩子在心智中塑造的概念是，一个具有独特个性的个体，其身份由其姓名所区分。在西方文化里，家族是一个很特别的名词，并且在西方的观念中，强调个体的独特性和个体的自由是一种传统。在孩子的概念形成过程中，他们直接继承了本民族的概念化和范畴化等认知方式，这些方式为他们的认知能力提供了直接的支撑。

综上所述，范畴化、概念化等认知能力和词汇化等语言能力的发展是同步进行的，因此词汇能力的提高和认知能力的提高应该是同步进行的。通过词汇范畴模式的构建，我们可以将非原型范畴的成员纳入其中，形成语义范畴，并利用相似性来构建范畴层次，最终建立起一个完整的词汇系统。这不仅有利于人们对事物特征和属性有一个全面深刻的认识，还可以帮助人们迅速准确地记单词并掌握词组或句子中有关词语之间的联系。人们拥有这种能力之后，能够以惊人的速度、高效的方式组织和处理相关信息，从而更好地认识事物、理解世界，最终成为一种强有力的工具。从这个角度来看，提升词汇能力，即在认知层面上获得更高水平的能力。

第三节　跨文化背景下的英汉词汇对比与翻译

对于成功的翻译而言，译者所具有的双重文化功底和基础甚至比双重语言功底更为重要，原因是只有在其所处的文化语境当中，词汇才能具有深刻的意义。翻译作为一种跨越不同民族、人群的文化交流行为，在某种程度上可以将其视为一种文化移植。因此，译作既不能脱离原文的特点生搬硬套，也不能违背原文的精神气质一味追求形式。译者的主要任务和职责在于将原作的思想内核与精神面貌精准地再现出来，同时最大限度地将原语言成功转化为目的语。但是，鉴于各个民族所拥有的独特文化特征，要实现完全的文化移植具有很大的挑战性，几乎是一项不可能的任务。

文化的载体是语言，同时语言也是文化中一个不可或缺的构成要素，语言和文化之间存在着密切的关系。每一种文化都有其独特之处，因此每一种语言也都有其独特性。语言与文化有着千丝万缕的联系，不同文化背景下形成了迥异的思维方式和生活习俗，从而使两种或多种语言之间存在着差异。词汇是语言中最活跃、最有弹性的成分，也是文化载荷量最大的成分。① 地理环境不同、民族心理差异等原因造成了人们对事物的认知方式存在很大差别，从而产生了许多不同的词汇表达方式，这就是文化差异。词汇作为语言的基本构成要素，是支撑语言大系统生存的重要支柱，所以文化差异在词汇层面上表现得尤为显著，所涉及的领域也十分广泛。词汇与文化背景密切相关，不同民族由于地理环境、宗教信仰等因素的差异，其词汇具有一定的民族色彩和地域性特点。在语义学领域，词汇的意义可以被划分为两个主要的范畴，即概念意义和文化意义。在语言交际中，词的概念意义实际上也是其认知意义或指称意义，是对客观事物进行反映或概括的最基本意义。文化意义是词项的概念意义上所附加的意义，涵盖了与民族文化因素相关的内涵、风格、情感和联想等方面的文化意义。

就词汇意义而言，英汉两种语言的差异除了体现在其概念层面，更重要的是

---

① 胡文仲，高一虹．外语教学与文化[M]．长沙：湖南教育出版社，1997．

在文化意义上呈现出显著差异性。词汇的文化意义在不同的文化背景下可能呈现出相似或相近的趋势，但更多的是因文化背景不同呈现出独特的差异。如果不能准确理解和把握这些文化差异，就会造成译文不符合原文作者原意。所以，在翻译工作中，比较英汉两种语言文化内涵的异同及考察英语词汇的独特特点十分重要，不可忽视。

一、英汉词汇在意义上的对应

（一）完全对应

在汉语中，我们能够找到与英语中某些词汇完全对应的词汇，以表达它们所代表的含义：apple 苹果，The Pacific Ocean 太平洋，Pakistan 巴基斯坦；在英语中也可以找到与汉语词相对应的词项：中国 China，项链 necklace。

对于此类词汇的翻译，几乎不会引起任何异议，究其原因是在英汉语言中，两个完全对应的词汇在任何上下文中都具有相同的概念和内涵意义，并不会因为使用的语境不同，产生不同的联想意义。但是，由于不同民族所具有的文化差异较大，因此在各种语言中，完全等价、等值的词汇实际上受到了极大的限制。如果要想准确地表达原文所蕴含的意思，就必须采取适当的方法来处理这些不相等的词语，以达到既忠实于原意又使译文通顺流畅的目的。由此可见，英汉词汇的不对称性和不等效性是导致问题的主要原因。

（二）部分对应

1. 一词多义

在英语中，一词多义是一种广泛存在的现象，并且随着常用词汇的增加，其多义性也会逐渐增强。在不同的语境中，一个英文多义词的解释可能会因其在句子中的词性、词汇之间的搭配以及上下文的内容产生多种不同的解读。

to wear clothes（shoes，trousers）穿衣服（鞋子、裤子）；to wear a hat（ring，watch）戴帽子（戒指，表）；to wear gloves（glasses）戴手套（照镜）。

当英语动词“wear”和不同的宾语搭配时，若将其翻译为汉语，则需根据不同的搭配方式获得不同的含义，如“穿”“戴”等。

2. 两种语言的词汇意义概括的范围有广狭之分

在两种语言中，同一事物或概念的区分细度存在差异，如英语中的“marry”能够与汉语中的“娶，嫁”相对应等。在表达亲属关系的词汇中，这种情形表现得尤为突出。在中国的历史长河中，长期的封建统治和独特的文化传统逐渐形成和塑造了“家”的概念，在汉语中，亲属的词汇呈现出高度复杂和精细的特征；而在英语中，亲属用语通常呈现出较为模糊和笼统的特点。在英语的父系和母系称谓中，除了父母，其他父系亲属和母系亲属的称谓并无区别。例如，“aunt”一词可以涵盖父系和母系中与其同辈的所有女性亲属，在汉语中，则分为姑姑、伯母等不同的称谓。

3. 概念意义相同而内涵意义不同

在文化中，某一词汇所蕴含的文化内涵与另一种文化中对应的词汇并不相同，因此即使概念意义相同，其内涵意义也会有所不同。这类词由于其语义特征和用法上的差别，使人很不容易区别开来，因而经常被误认为同义词。在英汉两种不同的语言中，某些词汇的内在涵义因文化差异产生区别。在英语中，有些动物所表达的文化内涵在汉语中并未得到充分的体现。这些动物不仅可以用来比喻人、事物和事件，还能用于隐喻、借代等多种修辞格之中，具有独特的修辞效果。例如，在英语文化中，“swan”（天鹅）一词指的是那些拥有卓越才华的诗人，他们在诗歌创作中展现出了非凡的才华。根据希腊的传说，当音乐之神阿波罗的灵魂降临在一只天鹅身上时，毕达哥拉斯的寓言便应运而生。天鹅是一种美丽又神秘的动物，天鹅体内容纳了杰出诗人的灵魂，这些灵魂在它们的身体中得以显现。尽管某些词汇在表面上呈现出相似之处，但它们所隐含或附加的意义却各不相同，同时它们的感性色彩也各不相同，因此存在着褒义和贬义之分。

（三）缺乏对应

众所周知，由于英汉两种语言所处的自然环境、历史文化背景等多方面的差异，所以英语中某些表达事物或现象的词汇在汉语中可能难以找到确切的对应词汇，反之亦然。通常情况下，人们将这一种情形称之为词汇空缺，具体而言就是两种语言的词义之间缺乏相应的对应关系。有时候，这种现象也被人们称为零对应。例如，在汉语中，“老师”“教师”这两个词所指的“老师”与“教师”有所不同，“教师”则有英语对应词“teacher”，用来表示一种职业，不能作为呼语使用；“老师”在汉语中，则作为一种礼貌、口头上的称谓，在英语中并未被赋予相应的词汇。在英语中，通常使用“Mr.”“Mrs.”等尊称来称呼，但这些称谓都是泛指。

由于文化与语言的差异，一种语言中原有的记号在另一种语言中会缺乏与其相对应的表达形式。例如，美国梦“American Dream”是美国人所推崇的国家建设理念，旨在确保每个人都能享有自由和平等的机会。在英语中，我们无法找到粽子、旗袍等，一些具有中国特色文化的汉语词汇，因为英语里就没有这种用法。对于词语的意义，只有深入了解其所处的文化背景，才能真正领会其内在的含义，所以我们应该根据不同国家的历史、地理特点及风俗习惯来翻译或解释这类词语。例如，在东方文化中，“红娘”一词指的是那些能够促成美好姻缘的人；在西方文化中，“go between”和“match maker”是与之相对应的词汇，除了有“媒人”的称呼，还包括“掮客”等含义。因此，在跨文化交际过程中，我们会发现不同语言之间存在着巨大差异，即由于民族心理、历史传统等因素造成了不同语言间的文化差异。文化意象的独特性使人们无法创造出相似的表达方式，从而导致词义联想错误，进而对跨文化交际造成了阻碍。

二、翻译策略

（一）英汉互借（直译或音译）

例如，英文中的“cool”在汉语中就变成了“酷”（漂亮，时髦的意思），“romantic”翻译成“罗曼蒂克”。直译是一种可行的方法，因为它能更好地呈现出那些充满文化特色的生动词汇和表达方式。例如，受“sister city”影响，汉语中出现了“姐妹城市”；最初“paper tiger”一词源自于汉语中的“纸老虎”，是一种直译来的词汇。这种翻译策略虽然能保留原文中较多的信息，但由于缺乏对词义进行适当的解释和引申，造成一定程度上的错误或不确切的表达。

词汇的文化负荷是一个民族文化传统以及心理习惯的直接反映，通过英汉两种语言之间的词汇互借，不仅可以最大限度地保留文化特征，还有助于促进英汉文化之间相互交流，同时进一步增强译文语言的表现力。

（二）加译处理法

为了确保译文不仅能够被读者理解，还能使原文的文化特色得到最大程度的保留，可以在直译的基础上添加适当的解释，如在说明性词汇或音译的基础上添加类别词，具体如下。

Ballet——芭蕾舞，sauna——桑拿浴，rifle——来复枪。

班门弄斧——show off one's proficiency with the axe before Lu Ban, the master carpenter 等。

针对那些对中华文化不甚了解的人而言，“鲁班”这一称谓恐怕并不为人所熟知。为了保持原文的文化特色，同时帮助读者克服文化上的障碍，应该在直译的基础上引入一些具有解释性的词汇。

（三）用译语中带有文化色彩的词语替代原语中带有文化色彩的词语

在保持原文的交际意义不变的前提下，采用带有文化色彩的词语替代原语中带有文化色彩的词汇，这种方法被称为替代。

Wet as a drowned rat——落汤鸡。

To spend money like water——挥金如土。

Fishing in the air——水中捞月。

To laugh off one's head——笑掉牙齿。

To cast pearls before the swine——对牛弹琴。

（四）意译法

对于那些蕴含着浓郁文化内涵的词汇，直译并不能将其文化意义准确地传达出来，并且过度添加新的词汇会有极大的可能性强加于原文文化之中，因此这种情况下能够采用意译法，也就是使用译文中文化意义较弱的词汇来翻译原文所要传达的信息。

It was another one of those Catch-2 situations, you're damned if you do and you're damned if you don't.

这真是又一个左右为难的尴尬局面，做也倒霉，不做也倒霉。

"Catch-2"一词在文化上有着深刻的涵义，然而将其直译为"第二十二条军规"时，大多数汉语读者对其含义感到困惑，因此在理解其含义后，可以将其翻译为"左右为难的尴尬局面"。这样的处理方式虽然会对原文的意义传递造成一定程度的削弱，但是此种削弱是无法避免的。由于语言的固有民族性，在许多情形下，翻译难以达到原作的绝对等值性。因此，为了更好地实现翻译目的，应尽量使译者准确、恰当地再现原语言中蕴含的语义信息。

总而言之，英语和汉语作为两种完全不同文化的语言，都拥有大量蕴含文化内涵的词汇，也因此形成了跨文化交流的障碍。在翻译过程中，译者所面临的挑战并非在于语言结构本身，而是怎样按照不同的文化背景对译文进行合理调整，以确保译文读者可以获得与原文读者相同的文化内涵与意义。如果译者只考虑形式忽视内容，就会使译文失去应有的可读性与准确性。所以，对于跨文化交际和翻译工作而言，深入探究英汉语词汇的语义特征，并进行英汉两种语言的对比分析（特别是对于那些蕴含着不同文化内涵的词汇），具有至关重要的意义。在翻译中为了实现意义和风格最大程度的平衡与等值，需要尽可能避免单纯追求词汇意义的一一对应。译者在翻译过程中，除了要充分考虑译语读者的心理认知模式，以及不同民族的审美习惯等因素，还必须考虑语言与文化的民族性，并在文化背景的基础上进行灵活的翻译，以适应不同的情况。

三、跨文化背景下英汉词汇翻译实例——以动植物词语为例

（一）英汉动植物词语的文化特征

在探索新的领域和热点时，语言研究能够从历史的研究中汲取灵感。语言研究源远流长，人们长期专注于探究语言的内在结构，简单来说就是语言的形态和构造。近 20 年来，对语言在社会中的作用以及其他外在因素的探究一直是一个备受关注的话题。

在实践中，人们领悟到语言研究的范畴至少包括结构和使用两个规则，前者涵盖了词汇、语音等多个方面，后者则是决定语言使用是否得体的多种因素。文化作为人类社会共同创造的产物，是一个社会或者民族的整体和全部的生活、活动方式。因此，任何文化都有自己特有的特点，也存在着差异，所有的文化都是独一无二的，彼此之间没有任何相似之处。在外语教学中也不例外，它具有民族性与世界性双重特征，要掌握一门外语，不仅需要掌握语音、词汇等，还需要了解那些使用此种语言的人是怎样以一种独特的视角看待事物的。为了深入了解他们对社会思想、习惯和行为的反映方式，必须掌握他们所处社会的文化背景和语言表达方式。语言本身就包含了许多文化信息，学习语言和了解语言反映的文化实际上存在一定的联系。因此，研究语言中的文化现象及其功能就显得尤为重要了，深入探究语言所蕴含的文化内涵可以将我们引向一个科学与文化交织的迷宫，其中蕴藏着最为深邃的奥秘。

众所周知，使用英语交流的国家有很多，并且这些国家分布十分广泛，社会也更加复杂化和多样性，仅英国就因为民族、阶级等因素在语言和文化等多个方面存在巨大的差异性。因此，了解和研究以英语为母语人的思想和行为对于我们更好地认识和使用英语具有十分重要的意义。对于某些事物而言，大部分以英语为母语的人均会接受并遵守这些普遍的看法、态度等。中国的语言和文化同样错综复杂，本书所探讨的中国语言是指现代汉语，中华文化在此处主要是指汉族文化。中国作为一个由多个民族组成的国家，拥有着丰富多彩的语言文化和方言，任何人都无法做到全面探讨。在目前国内对语言与文化关系问题的讨论中，多数

学者只重视了其中某一个方面或某个角度，本书的研究范围仅限于探究普通话和汉语普通话所蕴含的文化内涵，并未触及少数民族语言文化以及各种汉语方言文化。

由于使用英语交流的国家数量众多，分布广泛，社会结构十分复杂，因此想要对所有英语国家进行准确的概括难度非常大。对于那些以英语为母语的国家而言，大部分人的观点与态度在某些事物上呈现出高度的一致性。实际上，英语动植物文化词语多于汉语动植物文化词语，为什么会出现这样的现象呢？是因为英国在工业革命时期得到快速发展，成为“海上霸主”，其殖民地遍布世界各大洲，因此英国人跨越多个洲流动，与英语民族接触的动物种类繁多；加拿大、澳大利亚等英语国家，因其独特的地理环境、多样的动物物种和独特的植被，呈现出多样化的特征，形成了不同的自然生态环境和气候条件，也使英语语言中不仅动植物文化词语多，同时动植物词语的数量也非常多。尽管中国地域辽阔，历史悠久，曾多次发生人口大规模流动，然而这些流动都局限于本土，英国的跨洲流动与中国的国内流动形成了鲜明的对比，这种差异源于两国社会发展水平、经济条件和文化传统等诸多方面。由于巨大的时空差异，汉语在宏观上呈现出高度的整体性，并且在微观上呈现出错综复杂的特征。尽管中国地大物博，但是由于地理环境的限制和束缚，最直接的语言层面反映就是动植物的数量相对较少。因为英汉两个民族所处的地理环境存在差异，同一种动植物可能在这个国家普遍存在，但是在另一个国家则极为罕见，因此人们对于那些很少接触到的动植物自然不会产生任何联想或意义，甚至英语中的一些动植物词语会出现很多与汉语不一致甚至相反的用法，从而使汉语读者感到困惑。

语言和生活之间存在不可分割的紧密联系，一个民族的饮食结构、食物种类等与其所处的自然环境和气候息息相关。英语是全世界使用最广泛的一种文字，它以其独特的表达方式和内涵被人们当作世界通用语，同时也因其特有的地理环境具有鲜明的民族色彩。英国在工业革命的影响下在每个大洲均有自己的领地，这些领地不仅环境气候多样化，动植物的种类也非常丰富，还因为生活环境的不同，动植物图腾也更加多样化，反映在语言文化层面，可谓是丰富多彩。例如，鱼作为一个古老的动物类群，它既是大自然馈赠给人类最宝贵的礼物之一，又是人们日常生活必不可少的一部分。在英国，由于其被四面环水的地理环境所包围，“鱼”已经成为人们日常生活中司空见惯、无处不在的平凡之物，所以人们对其价值并不过分看重，而是以一种平静的态度看待，反映在语言上则是其褒义色彩已经完全消失，取而代之的是一种中性偏贬的文化内涵和意义。在汉族的日常生活中，鱼类扮演着至关重要的角色，被视为一种美好情感的象征，在历史潮流的发展中被人们赋予了各种积极、正面的文化内涵和意义。鱼的比喻也通常是借喻、拟喻等多种方式结合运用，因而它不仅形象生动地表达了事物的特征和属性，而且还能给人以深刻的启迪。人们倾向于以“鱼”为比喻来描绘事物或揭示事物之间的相互关系，然而，在汉语成语中，“鱼”所代表的文化内涵往往呈现出一种中性的贬损倾向，这主要是因为汉族所具有的独特思维方式决定了鱼在汉族心中的崇高位置。尽管鱼是一种美味可口的佳肴，但相较于中华民族所崇拜的图腾“龙”，其地位稍显逊色。众所周知，“龙”是古代神话中能使人获得吉祥、福禄、长寿等多种象征意义的一种生物形象。在汉族文化中，“龙”被视为皇帝的象征和中华民族的象征，被赋予了至高无上的地位，这是一种令人肃然起敬的崇拜和景仰。在这种情况下，“龙”就成了“好人”，而“鱼”则成了“坏人”。因此，相较于“龙”而言，“鱼”自然而然地被视为“恶徒”的代称。举例而言，“鱼目混珠”，即以鱼之眼冒充珍珠，比喻为伪善之物，鱼目则被喻为一种珍贵又廉价的物品。鱼目即为鱼形，珍珠则有似蚌之躯和像龟之尾两种形状，故二者常混淆使用，尽管鱼目看起来是一颗珍珠，但它的珍贵程度却无法与稀世之宝的珍珠相媲美。将鱼类归类为动词，以“鱼肉”为比喻，表达了对其进行残害的含义。“鱼肉”一词在《诗经》中出现较早，后用于形容人的肉体和灵魂，以“鱼肉百姓”为比喻，描绘了统治阶级对劳动人民进行残酷剥削的残酷行径。此外，鱼还是一种具有特殊意义的动物，如“水怪”“鳄鱼”等都表示它能给人类带来灾难或痛苦。因为自然地理环境的影响，英汉动植物词语的数量和文化含义都存在显著差异，这是英汉动植物词语地理环境特征的表现。

在语言的三大构成要素中，词汇是最为敏感的，因为任何微小的社会信息波动都会在词汇层面上同步显现。研究一个民族或者地区社会政治历史的时候，我们可以通过动植物词语的文化内涵来反映和表述不同历史时期的政治和经济面貌。例如，当今美国政坛所涉及的动物词汇不胜枚举，从中我们可以窥见美国政治历史上的一个显著特征：民主党和共和党两大政党轮流执政，其中前者的党徽为“驴”，因此人们将其称为“驴党”；后者的党徽为“象”，所以人们将其称之为“象党”。

在英汉植物文化词语中，前六大类别的占比最高，分别为谷物、水果、香料、油脂植物、纤维织物以及落叶乔木，它们分别对应着不同的社会生活和生产活动，即人类对食物、衣物、住所和交通等方面的不同需求，呈现出了一种多元化的状态，其中以食物为中心展开的饮食文化则占据着主导地位。在 20 世纪 60 年代至

80 年代初的中国，群众普遍将萝卜、南瓜等作为主食，以满足其日常饮食需求。以红米饭和南瓜汤为主食，辅以几片萝卜以维生，这些食品不仅是当时人们的口粮，更是见证了当时人们生活水平和政治历史的珍贵遗产。

人们所使用的语言，即为人们所经历的历史长河中的一部分。这些动植物词语不仅彰显了人类对熟悉事物的联想能力，更凸显了动植物语言在反映一个民族政治历史、记录人类历史足迹方面的重要作用。语言既是一种社会意识现象，又是一定社会意识形态的物质形式和表现形式，同时还是人们思维活动的工具和中介。正如王渝光等人在《汉傣语言文化论》中所阐述的，一个民族语言的发展历程，实则是一个民族社会文化的演进历程。语言作为一种社会存在形式，必然会受到特定社会环境和一定时期内的经济、政治等方面的制约和影响。作为人类世代相传的最为重要的信息媒介，语言真实地记录了人类社会发展的历史进程。因此，通过语言来了解一个民族、认识这个民族就成为一项重要而又极其复杂的工作。每一种民族的语言都是本民族历史上各种社会政治因素的沉淀，这些因素对当代社会的发展产生了至关重要的影响。人们借助语言的“镜头”，得以窥见一个民族的历史脉络以及现实发展，同时也能够展望一个民族的未来。①

英语作为世界第一大语种之一，其文化受宗教信仰、地理环境及风俗习惯等因素的制约，有着明显的地域性特点。人类文化的多样性源于宗教信仰的差异，缺乏宗教信仰，人类文化也就无从谈起。从一定意义上讲，语言与宗教之间有着密切又广泛的联系。要想对汉语动植物文化词汇的文化内涵进行深入探究，就要了解中国人的宗教信仰体系，因为只有当人们了解某一具体民族的宗教信仰时，才能理解该民族的心理活动和精神生活。在中国历史的漫长河流中，朝代的更替错综复杂，因此要对中国的宗教进行真实可信的描述，需要付出相当大的努力。

在中国文化的历史长河中，佛教、道教等信仰流派占据了主导地位，这些宗教虽然名称不同，但都属于原始宗教范畴，中国是道教的起源地，其他三种则是外来的文化遗产。从历史发展来看，它们之间有着密切的关系，但由于不同民族的文化背景不同，所以形成了各具特色的宗教文化。儒家、道家、佛家三大教派在中华传统文化中占据着至关重要的地位，其中对中华传统文化影响最为深远的就是佛教。宗教传播对汉语的影响，实则指外来宗教在传入中国后所带来外族语言的一系列影响，这种外族语言的影响是文化交流的产物，在一定程度上塑造和影响了汉语。外来词进入汉语范围，实际上就是一种文化交流现象，并且汉语又

① 王渝光，单春樱，崔梅．汉傣语言文化论[M]. 昆明：云南教育出版社，1997.

是以其丰富多样的民族文化为基础形成的，因此外来语进入汉语就必然会带有一定的文化烙印。佛教文化在汉语中的影响远超过基督教和伊斯兰教，因此具有十分明显的佛教文化色彩，并且能够从汉语的中找到佛教文化影响产生的诸多“痕迹”。例如，“心猿意马”源于佛教文化，“菩提树”同样源于佛语，佛教徒认为菩提树是世界上最古老的树，因为它生长得很高，所以有许多人都喜欢将菩提树用于装饰，并将其视为神圣之物。事实上，菩提树为一种常绿乔木，其叶片呈卵圆形，前端细长，花朵隐匿于花托之中，果实则为扁圆形。据传，释迦牟尼曾在菩提树下顿悟佛理，这棵树因此被佛教尊为神圣之树，它的起源则可以追溯到印度。

中华文化源远流长，博大精深，汉语中动植物词语所蕴含的文化内涵和意义深受儒家思想的熏陶，正如《论语》所言：岁寒，然后知松柏之后凋也，松柏成为古代文人坚毅品格的典型象征和代表。动植物词语蕴含的文化内涵体现了英汉民族文化的差异和相似之处，同时宗教文化又为其增添了更为丰富的文化内涵和意义。动植物词语是人类认识世界和改造自然的重要手段之一，经常有人将人的某些品质和特征同某些动植物巧妙联系在一起，以便更好地理解它们之间的关系。这些品质与特征将人们的某种情感或反应进一步激发和调动起来，尽管这种联想缺乏科学依据，甚至可以说是毫无根据的。在人类社会中，许多事物都具有一定的个性和特点，如色彩，形状等，因而对其进行研究时，要从某一侧面去观察和分析。由于不同民族的文化背景和情感背景的差异，所引发的联想和情感也呈现出多样化的特征。

民族思维与民族语言之间存在着必然的联系，在其漫长的历史进程中，民族思维作为一种内在的心理基础，维系着本民族形象和全民族共识，民族语言则在某种程度上将其形式化，由此可见民族思维与民族语言之间始终存在着不可分割的紧密联系，同时民族思维又在一定程度上对民族语言的表现形式进行制约。人类之所以与动物不同，是因为思维这一种本质属性，它的形式与过程都受到逻辑的限制。无论人类的种族、肤色或民族是否存在差异，均可以按照逻辑规则思考相同的内容，但是思维的外在形式——语言，却因个体差异呈现出一定的多样性。思维与语言的这种差异性决定了思维具有相对独立性，语言又具有绝对统一性，两者相互依存、相互制约，共同构成了一个完整的系统。因为翻译过程中逻辑规则的一致性，不同语言之间的交流得以实现。语言作为思维活动的产物，它以自身具有的独特方式制约着思维的发展方向。所以，在思维与语言的互动中，前者呈现的是深刻的理性内涵，后者则展现了表层效果。在不同的语言中，同一事物的语义解释可能存在差异，从而直接反映出人类思维和语言系统的独特民族特征。这一现象的根源在于，语言作为一种文化范畴，其所承载的文化内涵具有浓郁的民族特色。在不同的文化背景中，人们对同一事物或现象，通常会用两种截然不同的语言表达出来，即具有鲜明民族特色的词语和具有共同特征的词语，如whale（鲸鱼），在英语中有庞大的人或事物的意思，指那些具有非凡才华的个体或物品；在汉语中则是巨大、以强食弱的意思。尽管英汉民族对其特征的认知相同，然而在语义引申方面，英语所呈现的是从具体到具体的过程，汉语则呈现出由具体到抽象的过程。

从不同的动植物词汇联想方式可以推断出，汉英两个民族思维的联想延伸方向存在差异。因此，人们必须遵循一定的逻辑思维规则来思考问题。在认识动植物的过程当中，英语族群呈现出单向深入的发展趋势，主要选用链式引申和微观分解的方式；汉语种群在认知动植物时，展现出广泛的思维辐射和横向联系，形成了一种辐射式的引申方式。例如，英语：clove（丁香）—丁香花—丁香花香料—丁香紫—淡紫色；汉语：落叶灌木或小乔木—女人的舌头—clove（丁香）—丁香花状的纽扣—丁香花状的耳饰。可见，在英语中，意义引申的关键性基础在于思维方式的纵向拓展和微观分解，这两个方面共同构成了意义引申的基础；采用提喻的方式，以全局的视角代替局部的视角，其结果是转移全部细节，意义范围不大，比喻性程度高，基于前一义的基础，后两义以链条式引申出来，与丁香花息息相关。在汉语中，引申的基础在于思维方式的横向联结，注重形式，以隐喻的方式进行表达；结果是转移全部细节；涵盖的领域极为广泛，不仅包括人体器官，还包括植物以外的各种事物；意义之间的纽带十分微小，整个引申呈现出一种辐射的形态。

语言一方面是一种表达理性意义的工具，另一方面也是一种具有文化内涵和意义的联想工具。民族的语言文化与群体的文化意识相互交织，从而形成了联想的意义。不同民族的语言蕴含的文化内涵既有共通之处，也有各自独特的特点，同一词语的文化内涵具有一定程度上的差异性，这也正是产生联想的基础。因为英汉文化背景和民族思维方式的差异，那些具有相同概念含义的词汇，在不同的民族中可能会引发相似或部分相同的联想，而有些则可能仅在一个民族中引起丰富的联想，在另一个民族中则不会产生联想。这种现象既反映了同一民族内部各成员之间存在着一定程度上的文化差异，也体现出不同民族间相互接触后产生的新观念。某些事物在一个民族中具有极其丰富的语义联想能力，这些事物是该民族独有的、普遍存在的，但对于另一个民族而言，这些事物却是陌生的、难以察觉的，因此无法激发出任何形式的语义联想。反之，如果这些事物在另外一个民族中也能产生出同样深刻的联想，那么这个民族与其他民族之间就可能存在着某种联系。所以，联想蕴含的象征意义、想象意义及比喻意义，会使其结果可能会呈现出多种不同的面貌，有些甚至会呈现出完全相反的趋势。

民俗是社会人情风俗的总和，它是社会文化的组成部分。在同一个地域内，因为不同的信仰、职业等因素，原始居民被划分为多个社群或者社团，每个社群或者社团都有其独特的生活方式和风俗习惯，并且随着时间的推移逐渐形成了独有的民俗文化，成了该地域民俗文化的一个子系统，这些子系统互相交织，共同构成了整个民俗文化。一个地区的民俗文化是由多个子系统相互融合成的母系统，它可以将该地区所有社团的生活方式映射出来，也可以将群众心理的文化形态反映出来。每个社团组织特有的风俗习惯、生活习性，都体现着该社团成员之间的相互关系，即人际关系，这种人际的联系又与语言息息相关。那些生活在共同的民俗文化体系中的人，彼此之间的语言有着高度的相似性，他们共同拥有着相似的生活习惯、审美趣味等，这些都会在他们的语言文化中留下深刻的“痕迹”和“烙印”。所以，研究一个地区的民俗文化时，必须从整体民俗文化入手，唯有如此才能得出比较全面、准确的结论。英汉民族所处的民俗文化系统各不相同，因此动植物图腾崇拜的呈现也具有多样化的表现形式。黄牛在基督教文化中被尊为“圣牛”，据说它们在街头安睡、排泄，在农田里享用庄稼，人们不会打扰它们，因为它们被视为“神牛”或“圣牛”，“sacred cow”是源于基督教的一个英语单词。在中华大地上，黄牛并不被视为神圣之物，只是一道精致的中式佳肴罢了。在英语国家，人的姓氏很少使用动植物名词，然而在汉语中，这些名词却十分常见，如动物名词的马、牛等，植物名词的麦、麻等，这些姓氏很可能是源自民族图腾。

在汉英文化中，牛的地位因民俗道德等方面的差异有所不同，这也导致了东西方人对牛的认知存在着差异，因为东方与西方文化分别源于农业、游牧。尽管黄牛被誉为“神牛”和“圣牛”，然而英语蕴含的文化内涵却带有一定的贬义性。在我国悠久的历史中，牛的驯养已经有数千年的漫长岁月，直到机器取代耕牛之前，牛在中国人的日常生活中扮演着极其重要的角色。在今天，随着社会生产力和商品经济发展，牛已成为农业生产的重要生产资料之一，被广泛地利用于畜牧业。牛乃农业之本，奉献肉、奶、皮、骨于人，人们以养牛、用牛、爱牛、尊重牛为己任。“牛”这个字，古已有之，它不仅用来形容勤劳、善良，还表示了人们对劳动和生活的热爱。在汉语中，那些以老实守信、勤恳的精神或者愿意为人民服务的人被尊称为“老黄牛”“孺子牛”；牛作为力量的象征，常被人们用来形容强壮的人，如“那人健壮如牛”；牛又被看作“神”，因为它能帮助人们战胜一切艰难困苦，使人类摆脱了愚昧状态走上文明之路。由于我国将人固执和倔强的性格与牛联系在一起，因此出现了一种说法，即“他就是那个牛脾气，让着他”。在古代社会里，牛被视为一种神灵，是至高无上的存在，是具有特殊地位和作用的神圣之物。可见，在中国人的心中，牛这一动物并未留下太多负面印象，人们对其有着高度的赞扬和崇敬之情。

中国社会的发展受到了伦理教化的深刻影响，这种影响是不可忽视的。儒家伦理的核心理念在于构建一个符合道德标准的完美和理想的社会，以“修文德”为主要手段，实现国家的统一和有序，同时以和平与发展为基础，以人为本，努力构建一个和谐的社会。儒家伦理教化的核心是强调通过教化实现“礼”的目的，从而达到“仁政”之境界。儒家伦理道德及其道德精神的实际应用，通过教化以潜移默化的方式逐渐渗透到社会各个方面，为促进中华民族的团结，发挥了极其重要的作用，同时也为中国社会的有序发展奠定了基础，因此，儒学作为一种思想文化形式，可以说是人类历史上伟大的精神文明之一。在中国社会中，伦理道德的教化不仅赋予了中国“礼仪之邦”的荣誉，还在一定程度上决定了中国人的精神，使象征着突破有限的事实环境、创造理想的应有环境的道德精神一直处于最高的地位，对整个社会产生积极影响。在较低的层面上，伦理道德的教化能够进一步激发社会成员内在的社会责任感，培养其强烈的义务感；从较高层次上来看，它激发并科学引导人们追求真善美的激情与力量，促使人们从历史的角度去追求生命的真正意义，具体而言就是超越有限的现实，通过道德生命的完善、自由追求自我，实现与引领人类的进步和发展，这种伦理道德的教化所体现的道德精神就是儒家所说的仁爱精神、孝悌精神、诚信精神和节俭精神。与此同时，这些道德精神的精髓，在动植物的词汇中也有所体现，如乌鸦作为有孝心的鸟类，经常以反哺的方式为年迈的“母亲”提供食物；束哲在《补亡诗》中说：“嗷嗷林乌，受哺于子”，乌鸦的成长离不开母鸟的照顾，当母鸟无法觅食的时候，乌鸦便会取食以示对母鸟的感激之情；因此，“乌鸦反哺”已成为比喻子女尽孝的至高准则，即使是禽兽也不例外，何况人类呢？中国传统文化中，儒家所倡导的道德精神对人们的思想和行为产生了一系列深远的影响。

在人类与自然相互作用的过程中，由于风土人情的多样性，人类获得的直接经验也会产生差异，从而塑造出不同的审美观。人们会从不同的视角和经验中观察事物，从而产生各种不同，甚至相反的联想。例如，在英美人的心目中，蟋蟀被赋予了快乐与喜悦的形象，因此在很多文豪的笔下，类似于“as merry as a cricket”（像蟋蟀一样快活）的词语出现频率非常高。在我国古代典籍《诗经》中虽然有不少有关蟋蟀的描写，但是在汉语文学作品中，蟋蟀一般会被描绘成一种凄凉和忧伤的形象。其实，这两种文化现象有着本质上的区别。在英国，食用狗肉被视为一种罪恶和不道德的行为，因为在他们看来，狗狗是人类的良友；在中国，人们则将其视为一道美味佳肴，人们食用时乐在其中，乐此不疲。

英汉语言中的动植物词语蕴含的文化内涵与各自民族的民俗道德之间，始终存在着错综复杂的关系，并且这一事实得到了充分的证明。无论是语言还是民俗，皆为人类传统文化的重要组成部分，通过对语言的分析，人们能够对民俗文化的内涵进行深入探究，同时也能够从民俗文化中对语言的演变历程进行积极探寻。事实上，词语犹如岩石中的化石一般，其所蕴含的是最初形成并使用该语言的社会思想与社会知识，这些词语的最初意义就是由其所处环境中的各种事物及其相互作用创造出来的。倘若人们能够通过对比的方式，将词汇中的最初意义完整地揭示出来，那么人们就可以认识和了解它们所代表的社会特征及其所传递的文明程度。古生物学家具备的再现地球上古代生物生活的能力，堪比语言学家具备的再现被人们遗忘社会生活的能力。化石是由一些微小、坚硬的碎屑组成，其中含有许多有关当时环境、气候等方面信息，可以作为研究古生物进化史的珍贵材料，如果古生物学家能够从化石碎片中了解已经灭绝的世界历史，那么零散的言语也能够揭示出古代社会中的各种场景，以及在历史长河中早已灭绝的信仰与观点。语言作为重要的文化现象之一，是人类生存不可缺少的工具，是人与人之间相互联系的桥梁，是一种传递信息的手段。语言是人类生活的反映，它将人类的各种感受转化为语言形式。

在《介绍我自己的思想》一文中，胡适先生指出，科学精神追求的是对事实的深入探究和对真理的不断追寻。因此，要研究语言和文化之间的关系就必须先探讨语言背后的深层结构，也就是它所反映的特定的历史文化背景和生活习俗。科学的态度在于摒弃偏见，放下情感，只关注真相和事实，追随证据的脚步；科学方法就是“大胆地假设，小心地求证”；科学结论是根据一定的事实经过严格分析得出的，只有证明了这个命题才算发挥了它应有的价值。没有任何确凿的证据，只能是悬而不断，毫无头绪；有了充分的论证，才是实事求是，有理有据。缺乏充足证据，只能作出假设，不能轻率行事，必须有确凿证据后才能做出最终结论。所以，在科学研究中，逻辑论证是很重要的。年轻人采用这种方法进行学术和学问研究，可以避免犯下大错；以这种态度去做人做事，可以避免被他人“蒙住”眼睛，盲目跟风。

在英汉动物词语的文化内涵中，存在着许多具有情感色彩的褒贬对立情况，植物词语的褒贬对立情况则极为罕见，这说明了在人们心目中，动物是具有一定性格或心理倾向的生物群体，它们的情感色彩比其他物种要丰富得多。在人类和自然的生存竞争中，人类和动物之间的互动和冲突，相比植物而言更加频繁和激烈，动物在这一过程当中并未完全被动地接受人类的“支配”，而是积极地向人类表达某种情感。所以，人类对动物的观察更加细致入微，对其性格特征的认知也更加深刻，从而给动物赋予了更多的文化内涵、文化意义与情感色彩。相比较而言，人们对待植物呈现出一种相对冷静的态度，缺乏主动性，其许多习性并不为大众所熟知。对于人类而言，文化比较研究已经成为一个永恒的、时代性的课题，其中动植物文化词的比较研究更是不可或缺的研究内容。

（二）英汉动植物隐喻的跨文化比较

隐喻在近几年已经成为广大学者研究的热门话题，呈现出系统化和多元化的趋势，引起了学术界的广泛关注。隐喻作为人类认知世界和语言运用的一个重要形式，在哲学、心理学、语言学及文学方面都得到了人们的广泛关注和深入研究。隐喻在人们的认知中已从微观层面上被视为修辞学中和明喻、夸张等并列的修辞手段之一，逐渐演变为宏观层面上的思维方式。同时，随着语言学理论和认知心理学的迅速发展，以及该领域新知识和新成果不断涌现，人们开始注意隐喻在社会文化心理结构方面所起到的作用。现如今，隐喻已被纳入更为广泛的研究领域，以便相关学者更深入地探究其内涵和外延。在语言学研究中，隐喻不仅受到语言学家的关注，并且越来越多地被应用于其他学科，如社会学、心理学等。由于不同文化背景下的语言差异，隐喻也呈现出跨文化的多样性，同时也映射出一定的差异性，这种差异使人们在学习或翻译时不可避免地遇到问题。所以，人们在正确运用与理解隐喻时，必须深入挖掘语言文化的内涵，并且打好文化基础，对跨文化比较研究在不同民族之间的重要性进行重点突出和强调。笔者旨在以隐喻的视角，对中西方动植物的象征意义进行跨文化的比较和分析。

隐喻是一种被广泛使用的修辞手法，人们无时无刻不在运用大量的隐喻来表达自己的意思。在英语和汉语中，有许多不同类型的隐喻被广泛运用到日常交际之中，其中最为著名的当数名词化隐喻。师生在教授和学习的过程中不难发现，无论是在书面语言中，还是在口语中，隐喻均被广泛运用，涵盖了多个领域，如政治、诗歌等。对的隐喻广泛使用，不仅丰富了人类思维和想象，更对人们的语言表达方式产生了巨大的影响，使人们能更好地理解和表达事物。隐喻是语言现象，更是一个社会现象，它深刻地反映了不同民族和国家之间的文化差异。隐喻作为语言现象之一，和文化之间存在着错综复杂的关系，从这个视角来看能够观察到许多有趣的隐喻对比现象，如中英文化中的爱情隐喻对比等，对比之后能够发现它们虽然在某些方面存在差异，但在其他方面则有一定的相似之处。对于动植物的隐喻的理解，人们需要进行跨文化的比较和分析，以便更好地理解英汉文化之间的差异。

1. 中西方文化的背景差异

文化背景知识是孕育隐喻思维活动的源泉。东方和西方的文明体系各不相同，前者属于黄土文明，对孔夫子怀有崇高的敬意，推崇“天人合一”，以自然为师，以人为本，以稳定为先，以变革为目标，稳中求变，追求自由和独立，向往平等和博爱；后者则属于海洋文明，他们十分崇拜至高无上的神明，推崇“天人相分”，怀揣着征服自然、战胜自然、追求个性解放的雄心壮志，在个人奋斗中不断超越常规，持续追求变革和创新，这是他们精神上的不竭动力；这些思维方式影响着东西方社会历史上不同民族文化的形成和演变过程。在古希腊时期的海上贸易竞争环境中，西方文化得以崛起并蓬勃发展，由于希腊和地中海地区当时的生态环境非常不稳定，气候异常恶劣，人们不得不与周围的自然环境进行抗争，与各种自然现象进行激烈的对抗，以争取自己的生存空间；因此，西方的文化倾向于向外探索，将发展和改变世界作为获得自由的一种途径，从而塑造了西方人与东方人完全不同的性格特点，包括但不限于张扬、坦率等。在原始状态下，华夏民族所处的自然环境呈现出高度的规则性和平衡性，没有出现显著的非规则性变化，因此，人们可以相对稳定地掌握外部环境，避免了人与环境之间的激烈冲突，在了解和掌握空间世界的时候也更加容易；因为对自然界的力量有着深刻的了解，所以华夏民族对于自然界的一切事物，都不会轻易地予以否定，这种认识使得人们能很好地适应周围复杂多样的生存环境。中国人在追求内部世界和外部世界的协调与和谐、个人身心和整个环境相适应的过程中，将其视为进入自由境界的一个必要条件，从而形成了一种向内探索的心态。并且，中国人认为自然界中的各种生物都是可以学习和模仿的对象，人的一切活动都受其制约，不能随心所欲。也正是因为如此，中国人塑造了一种独特的性格特质，具体表现为内向、含蓄等，与西方人截然不同。总的来说，西方文化呈现出一种充满活力的趋势，擅长于争斗，在语言表达上多运用具有生命力的动物词汇来隐喻人类；中国一向以农业为主，善于以静观自然、自我发展为目标，因此常使用无害的植物词汇来隐喻人类。

可见，中西方文化背景的差异性，可以通过语言直接反映出来，尤其是在动植物隐喻方面的差异，十分显著。

在使用英语语言的国家，动物经常被用来比喻或者隐喻人类，对植物词汇的运用频率没有动物词汇高。在英语和汉语中，有许多不同类型的隐喻被广泛运用到日常交际之中，具体如下。

（1）以畜禽类隐喻人

bird：本义为鸟；隐喻意义是少女，尤指女伴。小鸟快乐歌唱，吃来吃去的形象来隐喻少女的欢快、无忧无虑是很贴切的。小鸟来隐喻女伴或女友，又不禁会使人联想到汉语中的“小鸟依人”。

Bill is taking his bird to the picture tonight. 比尔今晚带她女友去看电影。

dove：本义是鸽子，隐喻主和派的人。鸽子是一种和平的代表和象征，巧妙地隐喻了主和派的人物形象。

swan：天鹅的隐喻意义为诗人和作曲家。天鹅散发出的恬静和优雅气息与诗人、作曲家创作的作品给人带来的情感体验相同，令人心驰神往。天鹅与诗人之间存在着某种微妙的联系，它可以帮助人们了解诗人对生活的理解，也可使人们从诗歌中体会到作者丰富的情感体验。所以，以天鹅为隐喻，表达诗人和作曲家的情感和思想，是一种富有深意的表达方式。例如，“the Swan of Avon”艾玛河畔的大诗人，即莎士比亚。(因为他的故乡坐落在艾玛河畔。)

（2）以走兽隐喻人

bear：本义是熊，隐喻意义则指粗鲁的人，脾气暴躁的人。

She is nice but her husband is such as a bear that nobody likes him.

她和蔼可亲，但她丈夫粗鲁，脾气暴躁，没有人喜欢他。

cat：本义是猫，在西方文化中，猫是传说中魔鬼的化身，是中世纪巫婆的守护神，尤其黑猫更让人深恶痛绝。因此，隐喻意义是心地恶毒或令人讨厌的女人。

Don’t listen her gossip, she is a cat.

别听她搬弄是非，她是个心地恶毒的女人。

2. 中文中关于植物的隐喻

（1）关于容貌

在古代汉语中，当文人描绘人类容貌时，尤其是描绘女性容貌时，大多会选择运用植物的形态来对人类的容貌和体态进行隐喻，以获得更高层次的表达效果。这种隐喻方式，在唐诗中常见又常用，并且具有很强的形象性和哲理性。在古代文人隐喻女性美貌的时候，花容月貌、如花似玉等是经常使用的词汇。例如，樱桃樊素口，杨柳小蛮腰。就是描绘女性美貌的诗句。

（2）关于年龄、身份和地位

在汉语中，文人善用植物生长的不同阶段来隐喻少女不同年龄阶段，以此来表达对生命的深刻理解。例如，一朵含苞待放的花蕾，隐喻那些还未成年的少女。在植物体系中，种植类与野生类所代表的高贵、贫贱之分，映射出人类自身的本质差异，如以“金枝玉叶”隐喻了帝王之女或贵族之女的形象等。

（3）关于性格和性情

由于性格泼辣的人与辣椒给人留下的印象上有着惊人的相似性，因此小辣椒在某种程度上是性格泼辣人物的代称。对于思维迟缓和反应迟缓的人来说，榆木疙瘩是一种常见的称谓。“草茅之人”是指无官无职、没有功名、默默无闻、没有地位和权力的人。“草茅之臣”是在民间默默无闻、无所作为的才子，他们以这样的谦称表示自己的身份。

（4）关于精神气质（花木中的四君子）

在中华文化中，梅、兰、竹、菊被誉为花木之中的“四君子”，其高雅的气质和卓越的品质令人赞叹。在寒冷的冬季，梅花绽放，散发着淡雅的清香，人们在日常生活中以梅花为象征，表达高雅、纯洁的品格。梅花是我国十大名花之一，被历代文人骚客咏颂甚多。例如，林和靖，一位宋代诗人，隐居于杭州孤山，以梅花为妻，以鹤为子，这段佳话流传千古。空谷山岩中，兰花繁衍生息，散发出淡雅的香气。陶渊明的《饮酒·幽兰生前庭》幽兰生前庭，含薰待清风；清风脱然至，见别萧艾中。以幽兰为媒介，彰显自身卓越雅洁之情。竹因其挺拔高耸，四季常青等特质，常被人们用来象征正直、坚贞等品格，因此，古代文人常以竹子为题材来创作诗篇，并以此来歌颂君子人格和情操，如孟郊的《献汉南樊尚书》众木尽摇落，始见竹色真。表达了他对樊尚书的敬意之情。菊花以其凌霜耐寒、清香飘透等特性著称，因此古人常用它象征一种坚毅、清雅及淡泊的高贵品格。郑谷的《菊》：王孙莫把比蓬蒿，九月枝枝近鬓毛。露湿秋香满池岸，由来不羡瓦松高。以菊花为媒介，彰显自身不追求高位的志向。总之，在中华大地上，古人以花木为生命之源，借此品味生命之美，陶冶情操，净化心灵，如今的花木已不再是“冥顽不化”的花木，而是将人类独有的精神气质与思想感情充分体现出来的花木。

3. 中英隐喻的差异与相似

实际上，在隐喻的结构中，比较两种看似毫不相关的事物的原因是人类在认知领域对它们有相似的联想，借助两种事物的相互交融，将他们对客观现实的一系列感受与情感淋漓尽致地表达出来，并对其进行更深入的解释，这也是人类共同认知的重要基础和前提。人们从植物与动物的隐喻中能够发现东西方国家在文化传统与心理趋向方面存在十分明显的差异，因此东西方国家在隐喻运用上也是不相同的。就使用英语的国家和使用汉语的国家来说，前者大多从外部寻找和发现人与动物之间存在的相似性，从而更好地创造隐喻；后者主要通过个人和环境的有机相互融合，从该层面入手把功能成功转移至植物身上。即使隐喻不同，也会因为人类有共同的认知基础，高度相似的客观生活环境，必定存在一些共性的因素，简单来说就是不同的文化背景中一定存在某种相似的因素。

隐喻作为人类最基本的认知现象，承载着文化的储存、传承和发展的重要使命。隐喻的生成受到不同文化环境的影响，因为每个文化都蕴含着独特的隐喻表达方式。隐喻本质上是一种思维方式，即人们对客观事物之间相互联系的认识。动植物在中英文化中的隐喻差异主要源于文化的独特性，且这两者的相似性则源于人类共同的认知基础、客观环境的相似性等多种因素。由于两种语言在文化背景方面存在巨大差异，在对隐喻进行翻译时，不可避免地涉及文化差异问题。因此，要想对隐喻进行解读或者理解，就必须对其所处的历史文化背景进行综合、全面的考虑。对于探索语言奥秘、指导语言教学与交际而言，深刻理解隐喻的跨文化差异性，同样具有极其重要的现实意义，不可忽视。

习语作为某一语言在运用过程中形成的一种独特、固定的表达方式，其独特之处在于其表达方式的规范化。英汉两种语言发展历史较长，内含丰富的动物俚语，词语含蓄幽默、庄重典雅、言简意赅，能给人带来美的感觉与享受。因为不同民族的生活环境、文化背景等多方面的差异，导致人们对于同一动物的习语产生了不同的联想，从而使各种动物类习语呈现出千姿百态、各具特色的面貌。

4. 动物习语的翻译

迄今为止，翻译工作者在实践中一直秉持着严复先生提出的“信、达、雅”三大原则，这一理念已经深入人心。翻译工作者对这三条原则的内涵及其相互关系的定位，一直在不断地进行新的认知和深入的拓展。针对不同的语言文体，翻译学家在实践过程当中提出了各自独特的见解与观点，这些见解和观点在不同的语境下呈现出多样性。在翻译不同语言文体的过程中，翻译工作者必须严格遵循严复先生所倡导的三大准则，其中包括特定文体的翻译准则和详细规定，他的这一主张不仅适用于文学翻译领域，也同样适合于其他各种文体翻译。动物习语翻译时应该遵循相应的具体原则，即语义等值原则、保留文化原则、美学原则。

（1）语义等值原则

在翻译动物习语时，每一位翻译工作者都必须遵循的首要原则是确保语义尽可能贴近和忠于原文，不增加或减少语义，避免产生任何歧义。翻译工作者在动物习语的翻译实践过程当中要以理解无误为前提，并且在此基础上使表达尽可能接近原文的语义值。

例如，在“Go to law for a sheep, you lose a cow.”这句话中，中文译者在翻译的过程中会联想汉语中与其有高度相似性的成语，即“捡了芝麻，丢了西瓜”。由于英汉两种语言存在着差异，所以翻译工作者在翻译时就应该考虑到这些不同，进而采取一些相应的措施来进行翻译，有些翻译家对这种翻译方式持赞同的态度，并将其视为归化译法的典型范例。但是，当读者在译文中看到这类广为人知的中国谚语时，就像在译文中遇到了一些传统的中国谚语，如“说曹操，曹操到”，从而产生怀疑，甚至有些滑稽的感觉。此外，两者所表达的含义实际上存在一定的差异，并没有完全对等。除了表达“得不偿失”之外，英语中的这一习语还包含了一种文化习尚，即律师打官司，向原告与被告索取更多的金钱，反映了西方民族习惯通过法律途径解决纠纷，这些含义在中文谚语“捡了芝麻，丢了西瓜”并没有被真正的包含。在此处呈现的例子，就是语义不等值的典型。

（2）保留文化原则

该原则指最大限度地保留民族文化词汇的完整性，将原文蕴含的丰富民族文化内涵与背景充分展现出来。在翻译动物习语的时候，人们经常将其蕴含的民族文化内涵忽视，错误地认为只要达到等值语义就可以，因此在实践的过程中，导致很多译文失去其原有的文化意义或文化内涵，被严重扭曲。因此，在翻译过程中，必须注重展现各个民族独特的文化特色。

My old servant never left me,he was as faithful as a dog.

我的老仆人从不离开我，他对我非常忠诚。

尽管英文原句蕴含褒义，但汉语中的狗却带有贬义，若将中国人比作狗，则会使其感到莫大的耻辱，因此不能将其翻译为“像狗一样忠诚”。动物习语是语言词汇系统中不可缺少的一部分，具有鲜明的民族特色，在维护文化传承的过程中，必须严格遵守保留文化的基本原则。

（3）美学原则

为了实现动物习语的完美翻译，翻译工作者必须确保词语的对称美感、语法的完美统一，以及风格形象的完美呈现，这三者都必须符合译入语的文化和读者的审美情趣，才能获得最佳翻译效果。在民间文学中，动物习语是一种不可或缺的语言形式，它与文学作品一样有其独特的语言特征和文化内涵，因此在译入语中应尽量做到准确，符合目的语习惯。翻译是一项富有创造性的工作，优秀的翻译不仅是一种创作，更是一种能够超越原作的艺术表达。动物习语作为民族文化和民族语言的结晶，它既具有民族性又有时代性，同时也反映出不同时代人们的审美观念及审美心理。因此，在翻译动物习语时，必须以创造性的方式展现出原语的美感。

One swallow does not make a summer.

一燕不成夏。(形象、意境美)

因为翻译体现了动物习语的对称美和整齐美，所以译文不仅能够达到或者基本达到翻译的美学原则，还能够呈现出一种优美的语言表达方式。

5. *植物习语的翻译*

众所周知，人类生活的地球上生长着许多植物，它们是人们生命中不可或缺的一部分。植物是构成自然界最基本、最本质的物质之一。植物和人类之间存在着密不可分的联系，它们的形态特点与行为方式在将人们美感唤醒的同时，也引发了人们的各种联想。人们会以植物为媒介，把思想、情感和理想充分表达出来，从而赋予植物深刻的文化意义和内涵。植物不仅能给人带来美好的感觉和情趣，还能为社会创造出丰富的物质财富。由于植物在人类的日常生活中扮演着不可或缺的角色，因此在英汉习语中它们出现的频率非常高，时常能够看见其“身影”。在语言长期运用的过程当中，无论是英语习语还是汉语习语均形成了稳固定型的词组和句子，一般由名词性词语构成，或者含有丰富生动的隐喻意义，并且带有强烈的情感色彩。语言的精髓与核心在于习语，它可以将一个民族在思维方式和文化方面的独特性质淋漓尽致地展现出来。习语不仅能帮助人们更好地了解某一特定的文化背景，还能使人们更准确地把握某一事物的本质及其发展变化的规律。植物在人们的日常生活中扮演着至关重要的角色，这体现在那些被长期使用且结构固定的习语中，对这些习语的理解则取决于植物蕴含的词义。由于不同民族在地理、民俗等多个方面的差异，即使是同一植物词，在汉英两种文化中也可能呈现相似或者不同的联想意义。

(1) 英汉词语中植物词的喻义对比

词语的喻义由隐义与借义组成。词义的引申是建立在联想的基础上的，通常是由事物之间存在某种程度的相似性所导致的。人们通过联想可以把相同或相近的事物联系起来，而这些相似或相近事物也很容易引发人们的联想，其中植物词义的延伸就是通过这种联想获得的。联想带来的效果在于，词语被赋予了比喻义、想象义及象征义。植物词义引申的重要基础主要包括两个方面：一是源于其形态、结构等多方面的综合作用；二是民族文化的内涵、传统及心理，具体包括神话传说、地理环境等方面。

（2）英汉词语中植物词的喻义差异产生的原因

英汉两国的民族生活在不同的地域，各自承载着独特的历史进程与文化背景，呈现出多元化的文化面貌。由于地理环境及社会发展水平等方面存在着差异，英语与汉语在文化内涵及思维方式上也存在一定程度的区别。在历史长河中，英国曾是“海上霸主”、联邦的宗主国，其殖民地覆盖了除欧洲以外的多个大洲。因此，相对而言，英民族接触和了解各大洲植物的机会更多，通过深入了解它们的习性，从而引发英民族人民各种不同的词义联想。

中西方各民族的审美趣味和心理联系各不相同，呈现出了独特的文化背景和社会背景。由于审美趣味的差异，同一事物在文化上被赋予了不同的喻义，从而形成了一种独特的视角。英语在形成过程中有很多外来词进入了英语词汇系统，如法语、拉丁语等，从而将外来植物喻词引入其中。英民族文化深受外域文化的熏陶，包括但不限于希腊文化和希伯来文化。汉民族因其丰富的历史文化和长期的历史积淀，逐渐形成了一种独特的情感和文化，从而对某种植物产生了独特的理解，如松竹、松鹤等。英语和汉语虽然有许多植物词，但是在英语中很少出现由植物词构成的一种具有喻义的复合名词。在汉语中，存在一些虽然能够引发汉民族人积极的心理联想和审美情趣，但并不一定能够唤起英美民族人们的共鸣的词汇。因此，了解和掌握一些英汉植物词语及其文化背景知识显得十分重要。

语言是文化的媒介，词汇则是承载文化的最强工具。就中国人和西方人而言，前者倾向于运用历史、空间等思维，后者则更倾向于运用超前、时间等方面的思维。植物意义的引申方式也因语言表达方式的差异，呈现出多样性的特征。在英语中，人们可以运用个体代类属，以整体代部分或以部分代整体等方式来引申喻义，从而达到更高层次的表达。由此可知，在英语中，使用提喻或转喻来引申的方式比汉语更为常见，隐喻引申方式则相对较少。

（3）英汉习语中植物词的喻义对比

在英语中，使用提喻或转喻引申的方式比汉语更为常见，因此存在部分植物词的喻义在汉语中空缺的现象。部分植物词的引申义与人类普遍的思维模式和规律相符，易于理解，如以植物的根、茎等表示植物类属或者其他植物。然而，由于因为文化背景与思维方式的不同，在其影响下汉民族人对某些植物术语的引申义理解可能会不够全面。

在英汉两种语言中，虽然一些植物词的字面意义相同，但在汉语中则呈现出不同的联想意义，是一种独特的民族文化现象，如梅花，它是一种高洁又美丽的花卉，斗雪吐艳、凌寒留香，能将中华民族高风亮节充分体现出来。因此，在中国宋代，出现了松、竹、梅是岁寒三友的说法。然而，在英语中，这些联想并不适用，梅花只是一种平凡无奇的植物。

综上所述，各个民族虽然在同一个地球上生活，自然环境、生产经验等方面存在相似之处，但是因为词义的引申方式、结果等差异，其喻义同少异多。

第三章　英汉句子的对比与翻译

本章为英汉句子的对比与翻译，包括思维差异与英汉句子翻译、英汉句子结构的差异、英汉句子结构常式对比、英汉句子动静态差异分析、英汉句子结构的差异对翻译的影响。

第一节　思维差异与英汉句子翻译

翻译是运用一种语言把另一种语言所表达的思维内容准确而完整地重新表达出来的语言活动。[①]翻译工作者在进行翻译的理论学习和实践操作时面临的最多的问题就是翻译内容的“达”“信”“雅”。达是指翻译内容需要符合译语的语言特征；信是指译文需要忠实于原文内容，不得擅自改动；雅是指翻译内容需要满足读者的审美习惯和思维方式。翻译工作者在进行英文与汉语相互翻译时，因为中西方思维上的差异而产生过不少的失误。人类思维的共性与个性并存，其中共性是翻译的基础，使不同国家之间的不同语言能够被相互转化，而个性则是语言间存在差异的缘由，为不同国家、不同民族之间的交往带来了阻碍，使翻译成为必然。在进行语言翻译时，通过研究、总结思维方式的不同与语言表达形式的差异来找到翻译的规律，并以此形成翻译实践教学指导，是翻译研究的一个永恒课题。

一、英汉民族思维方式及语言对比

语言承载着思维，而思维方式则从根本上影响着语言的形式。从思维方式、表现形式、语法特征之间的关系来看，我国知名翻译理论家刘宓庆认为，最深层的是思维方式，语言方面的问题常常是思维方式派生衍化出来的。[②]研究不同国家、

① 张培基，喻云根，李宗杰，等．英汉翻译教程[M]．上海：上海外语教育出版社，1980.
② 刘宓庆．汉英对比研究与翻译[M]．南昌：江西教育出版社，1991.

不同民族的思维方式是研究其语言的前提，不同民族有着不同的思维方式，这与该民族所生存的地理环境、文化传统、哲学背景有着紧密的联系。

中国和西方的很多学者都对中西方思维的不同做过各种各样的研究，并总结出了多种论述。例如，我国知名语言学家潘文国认为，中国人似乎更擅长于总体把握，而西方人擅长于条分缕析；中国人善归纳，西方人善演绎；中国人强调群体，西方人强调个体；中国人重悟性，西方人重理性；中国人善形象思维，西方人善逻辑思维。① 尼斯贝特是美国著名的心理学家，他通过实验研究并结合文献调查，发现中西方的思维差异甚至可以追溯到孔子和亚里士多德的不同思维体系上，并延续了千年之久。思维习惯的差异也能够影响到社会实践，造成实践结果的不同。由此可以看出，西方人重视具体事务、忽视与背景的联系，中国人则更多地聚焦于事物与背景之间的联系的结论。

将中西方思维的差异进行比较，并分析其中的原因，可以得出如下结论。

中国的地理结构为“内陆外海”，是封闭的大陆性区域。这种地理结构特点有利于农业生产，因为它季节性强、土壤肥沃、气候适宜，人们很容易通过农耕而自给自足，并由此形成了中国的农耕文化。除了外界因素之外，人的集体力量也不容忽视。中国人看重和谐与等级，讲究“天时”“地利”“人和”，中国先民很早就知道人与自然应该和谐相处，因为生存离不开大自然的恩赐，只有保护好大自然，才能够获得丰收。在这种条件下形成的中国传统哲学，有着“物我交融”“天人合一”的和谐的宇宙观，秉持着主观世界与客观世界不是完全对立的，而是对立的统一体的观念，在历史的长河中不断发展、传承了下来，形成了我国独特的思维方式。我国思维方式中的整体思维方式，源于封闭的地理环境所造就的“整体统一”的意识，而直觉思维方式则源于我国先民在实践劳动中依靠直觉所积累的实践经验。我国哲学讲究“顿悟”，即心领神会，有着整体性、模糊性、主观性的特点。

与中国不同，西方民族的文明源于古希腊文化，古希腊三面环海，岛屿多，土壤比较贫瘠，因此主要以捕鱼和狩猎为生，由此形成了游牧文明和航海文明。生活在这类文明下的人生存压力颇高，他们需要具备更高的智慧、更强大的个人素质能力、更丰富的经验，这也就导致了西方人产生了较强的征服欲和个性意识，也导致他们对于科学论证、知识及逻辑分析更加热衷，而这种对知识和逻辑的崇拜也使得西方哲学更侧重于逻辑学和知识论。其中，亚里士多德的逻辑学就能很

① 潘文国．汉英语对比纲要[M]．北京：北京语言文化大学出版社，1997.

好地印证这一点。西方人的思维方式主要是个体理性思维方式，即分析型思维习惯，他们在面对一件事物时，会对其进行分解，把明确、具体的事物从整体当中剥离出来，然后进行分析研究。确定性、分析性、逻辑性是个体理性思维方式的主要特点。

由此可见中西方思维方式存在巨大的差异。思维的差异引发了语言的差异，中国人的整体直觉思维方式反映在语言方面就是侧重于心理而略于形式，汉语言有着使用动词多、连接词少、语序固定、句子成分结构不追求完整严谨、侧重时间事理顺序、时空视野由大到小的特点；而英语则有着较多的连词和介词、结构严谨、句子与句子之间界限分明、时空视野由小到大的特点，在词形变化方面，形态众多。

二、英汉语句结构对比

（一）英语多长句，汉语多短句

例如，英语句子："In Africa I met a boy, who was crying as if his heart would break, when I spoke to him, that he was hungry because he had no food for two days."[①] 翻译成汉语，即"在非洲我遇到一个小孩，他哭得伤心极了，我问他时，他说他饿了，两天没有吃饭了。"将这个英语句子和所对应的汉语译文进行对比可以发现，这个英语句子结构十分复杂，"I met a boy"是这个长句中的主句，另外还有五个修饰用的分句依附着主干之上，有着较强的层次感，其句式结构也十分严密。而汉语则是用长短不一的小分句句段反复交替，组合而成的。英语的语言思维会按照主体、行为、行为客体、行为标志的顺序来反映现实的要素，而反映在语法结构上就是：主语 + 谓语 + 宾语 + 状语。[②] 其中的主语 + 谓语（SV 结构）是句子中的核心结构。英语语言思维中的逻辑分析特征令英语句式生成性良好，在复杂句和长句当中，以 SV 结构为主体结构，将其他句子成分层层堆积，构建在这主干之上，产生分支继而向外拓展。这种句式结构形似一棵大树，因此被称为树式结构。汉语句式则采用竹式结构，就像一根春天的翠竹，一节之后再生一节，哪怕从中间将它折断也无伤大雅，不会影响到整体。这种句式特征，源于汉民族的整体形态思维及注重主体性的特点。

① 陈定安．英汉比较与翻译 [M]．北京：中国对外翻译出版公司，1991．

② 张今，陈云清．英汉比较语法纲要 [M]．北京：商务印书馆，1981．

（二）英语多用连接词，汉语多靠语意

美国翻译理论家奈达有一个重要的论断，他认为形合和意合的不同是英语与汉语在语言学上的最重要的一个区别。汉语侧重于意合，意合指通过借助词语和句子含义的逻辑关系来使它们之间得以连接，而非借助语言形式手段；英语则更加侧重于形合，形合指借助语言形式手段，如形态手段和词汇手段，来将词语与句子进行结合。形合重视语句形式上的接应，而意合则更重视行文上的连贯性。在《红楼梦》第三十四回中，贾宝玉对林黛玉说“你死了，我做和尚”，虽然句中并没有出现“如果”这类假设性的词汇，但是读者自然而言的能够感受到其中的假设意味，由此读者可以深刻体会到汉语中意合的内涵。但是将这段话翻译成英语，则断然不敢舍弃“if”这个词。如果按照汉语的表达习惯和思维方式，将这句话说成“You die, I become a monk”，那么英语国家的人很难理解其中的真实含义，只有说成“If you should die, I would go and be a monk.”句子含义的表达才完整。同样的，如果把之前的例句按照汉语的表达习惯来进行书写，即写成“In Africa I met a boy.He was crying as if his heart would break.When I spoke to him, he said that he was hungry. He had no food for two days.”那么句式就显得十分散乱，没有紧密感，也不符合英语的“形合”。

（三）在语序上，英语与汉语事理顺序常常相反

在不同思维方式的影响下，英语和汉语的句子在语序方面也出现了较大的差异。例如，“It was a keen disappointment when I had to postpone the visit which I intended to pay to China in January.”其汉语含义为“我原来打算在今年 1 月访问中国，后来不得不推迟，这使我非常失望。”这段英语是一个复杂的长句，但是中间却没有任何一个标点符号，句子成分之间环环相扣，连接紧密。将这段英语原文划分成三部分，其中第一部分体现了当事人的失望，第二部分言明了失望的原因，第三部分则进一步解释了这次访问的原定时间。通过对这段句子进行分析，可以发现，在英语的表达中会先说主观情况，然后再说与之直接相关的客观情况，最后再说其他的相关情况。在逻辑顺序上，采用“归纳—演绎”的方式，按照“因—果”“结论—陈述”的模式进行展开，在这一方面与汉语正好相反。汉语遵循着事理顺序，涉及空间时，按照从大到小的顺序；涉及叙事时间时，按照发生的时间先后的顺序；涉及谈论问题时，由笼统到具体；在谈论事情的具体情形时，先客观后主观；在逻辑顺序方面，先因后果，重视内容

的层层展开，然后逐点进行详细说明。

（四）英语句子成分功能清楚，汉语句子成分功能不易界定

中国人的整体性思维方式使得汉语既有灵活性特征，也有模糊性特征。在许多学者看来，汉语较少的受到规则的限制，更多的是由当事人意念支配。虽然汉语也是SV结构主导型语言，但是相较于英语，汉语显得更加变通与机动。仅从句子层面来看，汉语中存在的大量无主句就深刻印证了汉语的灵活性。在《开明英文文法》一书中，林语堂曾举了不少例子，例如汉语中说“下雨了”，有很多种表述方式，也无需主语，但是在英文中，就只能说“It's raining”，在汉语中可以说“热得我浑身大汗”，但是在英文中，就只能用“The heat makes me wet all through with sweat.”或“I'm all in a sweat.”来进行表述。可见英语受到的限制颇多，远不如汉语表达灵活。王力认为，西洋的语法通则是需求每一个句子有一个主语的，没有主语就是例外，是省略。中国的语法通则是，凡主语显然可知的，以不用为常，故没有主语却是常例，是隐去，不是省略。[①] 在英语当中，主语是不可或缺的一部分，但是在汉语当中，主语往往不需要进行明确说明，通过意合就能够让读者足够了解了，就像常说的“台上坐着主席团”，就能很好地印证这一点。有些人将这种类型的主语命名为“话题性主语”，将这样的句子称之为“话题—述题”句型。但是在英语体系下，这种表达方式是万万不可的，必须严格按照“SV结构”，将“台上坐着主席团”写成“The members of the Presidium are sitting on the platform.”。

三、英汉句子翻译中的“形—意—形”策略

若想有效探究英汉语句的翻译策略，就必须了解、掌握英语民族和汉语民族的不同的思维方式和句子表达形式，因此，翻译工作人员提出“形—意—形”的翻译策略。

例如，英语原文：“If you confer a benefit, never remember it; if you receive one, remember it always.”

译文：如果你给出一个好处，千万不要记住它；如果你得到一个好处，则永远要记住它。

这种翻译对原文进行了逐字逐句的翻译，忠实于原文，虽然能够听得懂，但

① 贾爱武．外语教师专业发展研究[M]．长春：吉林人民出版社，2004．

难免感觉有些不通顺，读起来拗口。可以说，这种翻译方式只符合了“信”的要求，而没有达到“达”和“雅”的水准。在汉语的表达习惯下，当句子成分之间关系明确时，往往可以将主语和连接词进行省略。因此，将这段英文翻译成“施恩勿记，受恩勿忘”效果会更好，不仅符合了“达”和“雅”，意合的特征也更加明确。

例如，汉语原文：上海有 1300 万人口，是世界上最大的城市之一。

译文 1：“Shanghai has a population of over thirteen million and is one of the largest cities in the world.”

译文 2：“Shanghai is a city with a population of over thirteen million and is one of the largest cities in the world.”

将这简短的汉语翻译成英文，本身难度系数不高，而这两种英语译文从语法上来说也挑不出任何问题，但是就是不符合英语国家的人的语言表达习惯，显得不像英文。汉语侧重于意合，很多句子虽然没有形态标记，但仍旧存在着主次之分。因此原文的“上海有 1300 万人口，是世界上最大的城市之一”不能直接进行翻译，而是要对其内在层次结构进行详细分析。这句话的主要内容是“上海是世界上最大的城市之一”，用来解释的次要内容是“上海有 1300 万人口”，在进行翻译时需要按照二者之间的关系，赋予相应的形态标记词汇进行处理，基于此将译文进行改进，可以写成：“Shanghai, a city with a population of over thirteen million, is one of the largest cities in the world.”

例如，英语原文：“Rocket research has confirmed a strange fact which had already been suspected there is a “high temperature belt” in the atmosphere, with its center roughly thirty miles above the ground.”

译文 1：用火箭进行研究已证实了人们早就有过怀疑的大气层的一个中心在距地面约 48 千米高空的“高温带”的这种奇怪的事实。

译文 2：人们早就怀疑，大气层中有一个“高温带”，其中心在距地面约 48 千米的高空。利用火箭进行研究后，这一奇异的事已得到证实。

通过观察这段英语原文，可以清楚地发现这段话采用的是典型的树式结构，结构严谨、层次分明、行文脉络鲜明。将汉语译文 1 和汉语译文 2 进行对比，可以发现译文 2 将原文的语序进行了相应的调整，按照时间和逻辑的顺序进行重新排列组合，在含义表达上要更加明确、清晰、完整，叙述较为简练，符合汉语的行文规则，因此读起来也比较通顺。而译文 1 则拘泥于原文的句子结构，整个翻译被限制住了，直接套用原文的树式结构，却连主干成分都没有明确，因此读起来十分生涩、别扭、不通顺。这种翻译就属于典型的“翻译腔”，翻译内容带有厚重的翻译痕迹，给人以距离感。由于英语和汉语的句式结构有着较大的差异，因此在进行互译时必须对语序进行相应的调整，否则就会使翻译效果大打折扣。因为语法结构对意思的表达起着重要作用，倘若在翻译中，不顾目的语中对应结构的存在，不用目的语中的语法结构来替代原语中的语法结构，意思难免会在不同程度上被丧失或被扭曲。[①] 因此在进行翻译时，翻译工作者要尽量避免“翻译腔”译文的出现。

站在语言和思维方式存在差异性的角度来对翻译工作进行探讨研究，可以发现，译者一是要做到“舍形取意”，即按照原语的思维方式去理解原文的内容；二是要做到“寓意于形”，即依据译语的思维模式来对原文内容的含义进行表达。上述内容可以通过四个步骤来实现：第一，弄清原文含义；第二，摆脱原文结构；第三，转用译语思维；第四，遵循译语习惯。而这也就是“形—意—形”的翻译策略。在此举一个例子进行佐证，如“语言这东西，不是随便可以学好的，非下苦功不可”，这句话可以提炼为“语言不易，需下苦功”来进行表达，套用相应的汉语原文句式，可以将其进行英译为“Language is something difficult to learn well，to learn it well one must study very hard.”；假若舍弃原文汉语句式，则可以翻译成“The mastery of language is not easy and requires painstaking effort.”将二者进行比较，很容易可以发现第二种翻译效果要较好一些。

语言系统具有开放性，它不是封锁闭塞的。随着经济、文化之间的交流不断加强，翻译活动也在日渐兴盛，语言必然会受其影响，产生一定程度的变化，在表达形式方面难免会存在着“他语”的痕迹和“异化”的发展倾向。这并不是坏事，但是“他语”和“异化”也应遵循着一定的限度，不能太过分，不能违背翻译的初衷，更不能让译文难以被人接受。

英语和汉语代表了两种不同的思维方式，由于思维方式属于共性特征，因此英语句子和汉语句子在很多方面都有着一定的相似性，翻译工作者只要找到两种思维的相通之处便可以做到“译形译意”，即在译语中找到相应的表达方式。严复是我国近代著名的翻译家、教育家，他在《天演论》中提出的译事三难：信、达、雅，为后世的翻译工作产生了深远的影响。“信”“达”“雅”翻译标准的提出出发点，一是不同民族的不同语言表达习惯的不同，二是思维方式的不同。因此在进行汉英互译时，翻译工作者需要遵循“信”“达”“雅”的翻译标准，从中西方

① 申丹．论翻译中的形式对等[J]．外语教学，1997（4）：38.

不同的思维方式角度进行翻译，尽量避免将原语表达形式僵硬的套用到译文当中的情况发生。

第二节 英汉句子结构的差异

语言学理论从本质上来说就是语言之间的比较，是一种将全世界各个民族的语言进行综合研究比较进而得出的科学理论。这也说明了“比较”是研究语言学的基本方法。

通过对比英语和汉语，可以发现二者结构上的差异，而这种差异往往是外语教学中的重难点，也是翻译工作者进行翻译时需要重点关注的地方。除此之外，熟练运用“对比”，可以进一步加深人们对英语和汉语这两种语言的共性认识，更深层次了解这两种语言的本质，从而优化人与人之间通过语言而进行的思想、理念、感情上的沟通与交流。

一、英汉语序变化方式不同

英语的词形变化较多，而英语也主要依靠这一点来进行组句，汉语的词形则缺乏变化，词序决定了词在句子中的语法作用，因此比较严格固定，不能轻易被转换。

例如，英语原文：“He jumped up and hastened to the mirror in the bathroom，taking away the towel to examine the cut upon his cheek.”

译文：他跳起来，连忙跑到卫生间的镜子前，拿掉毛巾，看他脸上的伤口。

在这段英语原文当中，只保留了个别的动词，其他的动词以分词“taking away”或不定时“to examine”的形式存在，而在汉语体系当中，根本就不存在分词和不定时。无论何种语言，动词都是十分重要的，而在汉语中动词格外重要，因此在行文当中，常常将多个动词按照一定的顺序罗列出来，而不是将其隐去。打开一篇汉语作品，将其与英文对比，可以发现，汉语中使用动词的频率要远高于英语。而这一现象也与汉语体系中完全没有分词，只有少量的介词有关。在英语当中，需要用到介词或者分词的地方，汉语则直接使用动词。例如，go by train 坐火车去；a friend from faraway 远方而来的朋友；the right man for the job 适合这个工作的人；“Hard pressed by his father，John told the truth in spite of his wife warnings.”约翰被父亲逼急了，也顾不得妻子的提醒，说出了真相。

通过以上的例子可以发现，汉语中介词很少，常常用动词来替代英语中需要用到介词的地方。动词造句是汉语组句的特色，在汉语中，一个句子包含着好几个动词的情况有很多，因此在研究汉语语法时，翻译工作者可以通过动词的使用来研究词序，从而探究汉语言的语法规律。

二、英语句子重空间搭配，汉语重时间顺序

英语的独特之处在于其运用空间建构的方式来进行表达，即通过主谓结构（SV 结构）为主来构造句子，谓语动词则是关键所在。此外，英语还运用了介词、分词、不定式和连接词等来创造错综复杂的句子结构。营造学手法是一种创造句子的方法，它利用关系词将各种句子成分有机地结合在一起，形成由中心逐渐向外扩展的空间图式。为了实现上述空间图式，英语句子不可避免地需要打乱时间顺序，因此各种关系词便成为整个结构中的关键。相比之下，汉语采用时间顺序和事物推移的方式来进行表达，倾向于用少量的关系词、大量的动词来将事件一一阐述，从而形成按时间顺序的流水图式，这种句式构造方式也被称为编年史手法，这种方式会依照时间先后顺序，将每个事件按照它们发生的顺序一一叙述，不掺杂任何个人的主观观点或解释。汉语着重于展现动作和使用动词，而英语则常使用关系词语强调单词之间的相关性和联系。因此，英语有着复杂的复合句结构，而汉语则有着连动句和流水句这两个独特的特点。

例如："Engels spoke with the authority and confidence born of forty years closest friendship and intellectual intimacy during which he had grasped, as no other man had, the full significance of Marx is teachings."

"Engels" 为这段英语的主语，"spoke" 则为谓语，然后以此为句子主干，将介词 "with"、连词 "as"、关系词 "during which" 往上进行层层搭架，从而构造出整个复杂的句子。将这段话译为中文：由于四十年最亲密的友谊和思想契合，恩格斯对马克思学说的意义比任何人都了解得彻底，他就是以这四十年给他的资格和信心说了这些话的。将英语原文与汉语译文进行对比，更可以发现汉语侧重于时间顺序的安排，而英语则打破了时间顺序，进行空间搭建。因此，在进行英文汉译时，一定要特别注意其中的关系词，并从中看出彼此之间的时间顺序。例如，英文的 "After he had a wonderful meal, he returned home." 或 "He returned home after he had a wonderful meal."，翻译成中文就得说 "他饱餐一顿以后回了家" 而非 "他回了家，饱餐一顿以后"。

三、英汉句子叙事顺序不同

英语和汉语在叙述和说明事物时的语序存在差异。英语通常先从具体、特殊的细节入手，进而发展到整体、一般，而汉语则通常先从整体、一般的概括入手，再逐渐展开到更具体、特殊的细节，这一差异在多重后置定语和多重状语的语序上更为显著。

（一）英语多重后置定语的语序与汉语语序的比较

当英语句子中出现了多重定语，且相互之间具有一定的连锁关系时，在语序方面往往与汉语语序相反。

① The nucleus of the atoms of this substance. 这种物质的原子核。

② Shanghai is one of the biggest cities in the world. 上海是世界上最大的城市之一。

③ Many scientists hold that man's social practice alone is the criterion of the truth of his knowledge of the external world. 许多科学家认为，只有社会实践才是人们对外界认识的真理性标准。

通过上面这三个例子，可以发现，当英语语句中存在着多个定语时，英语的词序遵循着从小范围到大范围、从次要意义到重要意义的原则，这一点正好与汉语相反。在英语中，多重后置定语之间不是平行的，不是分别用来修饰中心词的，而是互为连锁关系，对中心词进行限定。因此在进行汉译时，需要先翻译最后一个定语，然后逆推，对其分别进行翻译。

（二）英语多重状语的语序与汉语语序的比较

当英语句子中存在不止一个时间状语时，应遵循时间短的在前，时间长的在后的原则。例如，汉语中的“1980 年 4 月”，翻译成英文为“in April, 1980”；当出现两个以上的地点状语时，应遵循先小范围后大范围的原则，如汉语中的“在中国上海”，在英文形式下写作“in Shanghai China”；当句子中同时存在地点状语、时间状语或是其他状语时，遵循着时间状语在后的原则，在这一方面，汉语语序与之相反，如汉语中的“他昨天到了这里”，写作英文则为“He arrived here yesterday.”。

四、英汉句子主语侧重不同

英语的句子结构强调主语的重要性，而汉语则更倾向于将主体、客体和谓语融合在一起。一般而言，英语句子需确定主语，而汉语句子省略主语则属于常见现象。在英语中，通常每个句子都必须要有一个主语，只有在特殊情况下才会没有主语，相当于省略掉了；而汉语则与之不同，只要主语明显可知，那么这个句子就不需要使用主语，因此句子中没有主语是很常见的。

老刘的弟弟在大学工作，前几天给他发了个电报；说是孩子得了肺炎，大概过几天就回来。

在这段中文句子中，主语只存在于句子开头，之后的所有主语都被省略掉了，但是按照英语的强调主语重要性的特点，在进行翻译时，所有主语就应该被加上，写成："Laoliu has a brother who works in a university.He has sent a telegram to him some days ago, saying that his child has got pneumonia. It's estimated that he'll be back in a few days."

在面对时间、距离、天气等没有主语的句子时，汉语不需要使用主语，而英语则必须用"it"当作主语。

① It's raining.（天）下雨了。

② It's 3 o'clock. 3 点钟了。

在汉语中很少使用物主代词，但是在英语中却格外注重所有格人称代词的使用，而这也是英语初学者容易犯错误的一点。

① He picked up his cap and left. 他拿起帽子走了。

② She has finished her homework. 她完成了家庭作业。

如果在对这两句英文进行汉译时给宾语加上物主代词，那么句子就会显得很累赘，如第二个句子，在汉语中我们不会说"她完成了她的家庭作业"，这是叙述方式是没有必要的。

五、英汉句子结构的不同还体现在否定句中

（一）全部否定和部分否定

① All of them are not here. 他们不全在这。

② He does not like them both. 他不是全喜欢。

在第一个句子中，从形式上来看仿佛是全盘否定，但实际上是对主语的否定；在第二个句子中，从形式上看也像是全盘否定，但本质上是对宾语进行了否定。将英文与汉语进行对比，可以发现，在汉语中否定哪一部分，就会将否定词置于所否定的成分之前。

（二）否定前移

当英语中的“expect，think，suppose”等少量表达心理状态的词在对宾语从句进行引导时，如果想要对从句进行否定，那么否定词“not”应当前移，从而对“expect，think，suppose”进行否定。

① I don’t think he will come again. 我想他不会再来了。

② I don’t suppose they will to help you. 我认为他们不会帮你。

（三）对反义疑问句的回答

例如，英语原文：“You’re to go outside for a meeting，aren’t you?”

—“Yes，I am.”

译文：你要出门去约会，对吧?

是的。

例如，英语原文：“You won’t be away for long，will you?”

—“No，I’ll be back in an hour.”

译文：你不会离开太久，对吧?

不会，我一个钟头左右就回来。

在这两段句子中，英语中的回答和汉语中的回答是一致的。在第一个例子中，英语用“Yes”回答，汉语用“是”回应；在第二个例子中，英语回答“No”，汉语也回答“不会”。但是，英语和汉语回答一致的情况不是永恒的，在有些情况下，两者回答会显示出截然相反的形式。

例如，英语原文：“You are not going out today，are you？”

—“No，I am not.”

译文：你今天不出去，是吧?

是的，我今天不出去。

通过这句话可以看出，英语回答和汉语回答是完全不同的，英语回答“No”，而汉语则回答“是的”，二者正好相反，但表达的含义却是一致的。这是因为在英语中，“yes”和“no”是以后面的成分为标准的，是对后面话语的暗示，当后面是否定形式时，就用“no”，当后面是肯定形式时，就用“yes”；而汉语则不同，汉语的“是”与“否”所依据的是后面问话内容是否真实，因此在“是”和“否”之后既可以是肯定的形式，也可以是否定的形式。

六、英汉句子连词的使用频率不同

英语和汉语的句子对于连词的使用频率也有着较大的差异。在汉语体系当中，受到双音节和四音节节奏的限制，使得“或”“和”等连接词极少的进行使用，与之相反，在英语当中“or”和“and”则被大量使用。

① The room is neat and bright. 房间明亮整洁。

② Drink tea or wine. 喝茶或喝酒。

③ Do not hit or swear at people. 不要打人或骂人。

汉语比较讲究音节的匀称性，倾向于字数上的相同与整齐；而英语往往将音节少的成分放在前，音节多的成分放在后，这就导致了汉语和英语在词序方面上的差异。

① an example in fostering internal unity and solidarity. 内部团结统一的模范。

② an old，gloomy，tumbledown temple. 阴森而破旧的庙宇。

第三节　英汉句子结构常式对比

很多时候，英语的句子结构和汉语的句子结构都是不同的，英语的句子结构通常为主语加谓语，即SV结构；汉语则有两个组成部分，分别是话题和说明，即TC。这种见解主要是建立在张今的语言生成观上的。

张今先生在《思想模块假说：我的语言生成观》一书中所总结的思想模块指的是远古人最先产生的一团朦胧模糊、没有分化、没有结构的思绪星云。远古人的这种朦胧模糊的思想模块，一旦直接发之为声，就变为原始语结。以后，随着社会和人类思维能力的发展，这种原始语就在各民族的文化，特别是各民族的逻辑－心理结构的调控下，逐步分化和展开，最后转化为语言。[①]

张今在《思想模块假说：我的语言生成观》一书中提到，最初的语言结构可能是相同的，但如今世界上之所以会出现许多不同的语言，是由于各个民族在历史长河中采用了不同的语言分化方式。[②] 许多印欧语系的语言都将原始语言结构分为动作、施动者和受动者三个成分，因此，英语句子也是由这三个成分组成的。

① 张今．思想模块假说：我的语言生成观[M]．开封：河南大学出版社，1997.

② 张今．思想模块假说：我的语言生成观[M]．开封：河南大学出版社，1997.

汉语句子则分为由原始语言结构分化而成的话题和说明两个成分，因此，汉语的句子是由两部分组成的。不同的认知模式会决定一个人的逻辑思维方式和心理结构，进而导致语言结构的不同。在西方文化中，先民的认知方式建立在同异序（义序）之上；而在东方文化中，先民的认知模式则是基于对偶序。西方文化的发展倾向于同一性的识别和表达，进而演化出了形式逻辑；而中国文化的发展则倾向于对立的对比和整体的把握，因此发展出了辩证逻辑。语言的组织模式受到了两种逻辑的巨大影响，使语言出现了不同的表达方式。

英语重点强调主语的作用地位，而汉语更注重话题的展开。这个观点证实了英汉句子结构存在不同之处，在进行深入探究后可发现英汉语句结构之间的根本差异，也就是英语语法决定了其句子的三分结构，且语法关注的是句子形式的准确性和严谨性，而严谨性指的是在文本中应当遵守主谓一致、动宾支配等一系列的语法规则。相比之下，汉语的句子二分结构更注重语义，强调对内容意义的理解，注重内容的意会性。意会性指的是在理解句子含义时需要依靠某种意境来理解其含义的表达。话题虽然起到关键作用，但不是必要因素，因此，在结构上可以省略部分内容。英语和汉语的不同源于侧重点的不同，一旦识别出这个本质上的不同，那么其他各个方面的差异也就变得十分明显了。

一、英语句子结构常式分析

将英语句子进行划分、归纳、总结，可以发现，现代英语的基本句型大概可归纳为五类，分别为：SV、SVO、SVP、SVOC 和 SVoO。其中，S 代表主语，V 代表谓语动词，O 代表宾语，o 代表补语，C 代表补语，P 代表表语。而这五种句型也都可以分成三个部分。

现代英语句型中的典型代表是 SVO。即以动词为核心，施动者在前，受动者在后。在 SVO 句式中，动词是不可或缺的，一旦缺少动词，出现了缺乏主语、宾语的语法错误，那么就无法组成完整的句子。SVO 是对整体事件的一个全面、完整的描述，认为事件的发生一定会涉及施动者、受动者和动作这三个成分，其中主语为施动者，宾语为受动者。在三个成分完整的情况下，句子才能表达出完整的含义。

SVoO 句式看起来包含了四个成分，但事实上“o”是间接宾语，本质上可以划分到状语当中。因此 SVoO 的句式仍旧由三个部分构成。

在 SVOC 句式当中，“O”和“C”二者是不可以分割的，“C”作为“O”的补语而存在，是一种复合宾语，因此从本质上来看，“SVOC”也是三分结构。

SVP 句型是使用频率最高基本句型，占到 1/3 左右。这是因为语言受形式逻辑的调控。而形式逻辑，概念和判断又是其中的关键。判断又分为主项、联项和谓项三个部分，依次对应了主语、联系动词和表语。虽然 SVP 句式中的“V”并无实际意义，也不表示动作，但是按照英语中的以动词为核心，必有三个部分的要求，因此这一部分不能进行省略。SVP 三成分缺一不可。

SV 是英语中唯一能够划分成两部分的句子，在英语中十分少见。但是为了满足三分结构，英语体系下的人们常常将不及物动词转成动作名词作宾语。例如，用“He dreamed a good dream”代替“He dreamed”，以满足英语句式的三分结构。

基于英语体系下人们的语言心理，英语句子结构具有三个组成部分。只要句子包含了主语、动词、宾语，那么从语法上来讲，这个句子就是完整的，就是满足了三分结构的句子。这一特点不仅影响了句子，甚至影响到了组词的规则、段落的构成及文章的结构。在组词方面，平行结构由三部分组成，音节也是三个，如在表示“基础知识”时，用 ABC 三个字母来表示，而非 AB 或 ABCD。在构造段落时，也遵循着三分原则，包括了主题句、扩展句和结尾句。而在文章方面，也存在着三分的影子，由引言、中间和结尾三部分构成。

二、汉语句子结构常式分析

在进行汉语句子结构研究时，汉语语言学界的专家意见并不统一，有人认为汉语是 SOV 型的，而有些人则认为是 SVO 型的。但是，其实汉语的造句并不太关注这些，在词类方面也没有啥概念，造句符合阴阳的对立就行了。例如，一个 SOV 式的句子“我喜欢吃米饭”，虽然在句子结构上是完整的，没有什么问题，但是却不符合我国语言阴阳对立的表达习惯，感觉缺少了一部分的内容，因此需要再添加上一部分内容，从而构成阴阳对立。例如，“我喜欢米饭，不喜欢吃馒头”“你喜欢吃什么？我喜欢吃米饭”等。

与英语的三部分结构不同，汉语只有两个部分，分别为话题和说明。形式逻辑不是汉语的基础，阴阳辩证才是。在远古时期，我国先民就已经将世界分为阴阳两个对立面，据说伏羲八卦是一个很古老的传说，经过夏、商、周三个朝代的继承和发展，历久弥新。《易经》中的观念和语言都以阴阳对立为基础，而《诗经》则在此基础上发展成为一个相对成熟的体系。尽管已经过去了几千年，如今的中华儿女依然使用相同的语言表达方式进行遣词造句。

我国最古老、最珍贵的诗歌总集当属《诗经》，里面详细记录了西周建立之初到春秋时期的五百年间的文学著作。《诗经》收集的诗大部分都采用了四字一顿、八字一句的形式，其中前四个字是话题，后四个字是补充说明。例如，“关关雎鸠，在河之洲”等。汉朝的诗歌继承并延续了这一传统，如曹操在他的诗中写道：“何以解忧，唯有杜康”。唐朝时的诗歌到达了发展的顶峰，诗歌的形式演变成了五言或七言。五言诗，即五字一顿、十字一句，如李白的“白发三千丈，缘愁似个长”；七言诗，即七字一顿、十四字一句，如“两岸猿声啼不住，轻舟已过万重山”。而到了宋朝，字数进一步增多，最多达到了九字一顿，例如问君能有几多愁？恰似一江春水向东流。

诗歌与散文的句式常有相似之处。自甲骨文时代起，人们便将占卜和算卦的结果记录下来，这些记录与《易经》中的内容相似，其中记录了很多充满阴阳辩证思想的语句。到了春秋战国时期，百家争鸣，出现了许多包含哲学思想的著作，如孔子所著《论语》中的“子曰：学而时习之，不亦说乎？有朋自远方来，不亦乐乎？”就充满了辩证思想，其结构也是分为两个部分的。

在汉语句子中，阴阳对立不体现在语法上，而是体现在语义上，这种表达方式具有独特的特点。张今对汉语句子的表意进行分类，将其归纳总结为以下七种类型。①

其一语义相异型，如唐朝杜甫写的“窗含西岭千秋雪，门泊东吴万里船”。

第二语义相反型，如宋朝范仲淹在《岳阳楼记》中所写的“先天下之忧而忧，后天下之乐而乐”。

其三同义衬托型，如宋朝苏轼《祭司马君实文》中的“有莠则锄，有疾则医”。

其四反义衬托型，如出自《晏子春秋·内篇杂上》的“衣莫若新，人莫若故”。

其五语义递进型，如唐朝诗人白居易写的《琵琶行》中的“同是天涯沦落人，相逢何必曾相识”。

其六正说反说型，如宋朝苏轼所说的“改过不吝，从善如流”。

其七同义强调型，如出自《周易·乾》的“同声相应，同气相求”。

张今进一步指出，散文句子的语义结构与民歌、诗词的句子语义结构具有一致性。例如，尹文子说的“有理而无益于治者，君子弗言；有能而无益于事者，君子弗为”。邓析子说的“水浊，则无掉尾之鱼；政苛，则无逸乐之士”。荀子说的“满则虑嗛，平则虑险，安则虑危”。淮南子说的“兰生幽谷，不为莫服而不芳；舟在江海，不为莫乘而不浮；君子行义，不为莫知而止休”。李白写的“天地者，

① 张今．思想模块假说：我的语言生成观[M]．开封：河南大学出版社，1997．

万物之逆旅也；光阴者，百代之过客也”。魏晋时期李康在《运命论》中写的“木秀于林，风必摧之；堆出于岸，流必湍之；行高于众，众必非之”。南朝刘义庆写的“夜光之珠，不必出于孟津之河；盈握之璧，不必采于昆仑之山”。苏轼写的“只影自怜，命寄江湖之上；惊魂未定，梦游缧绁之中”。苏洵写的“思焉而得，故其言深；感焉而得，故其言切；触焉而得，故其言易”等。

不仅限于单个句子，这种表达方式句群也适用。一个句群由两个句子构成，而一个四象则由两个阴阳构成。由于其稳定性，四象是古诗和绝句中常被运用的结构形式。当两个五绝合并时，会成为一首五律诗；同样地，两个七绝结合起来会形成一首七律诗。从词汇到句子再到整篇文章，阴阳结构的思考方式贯穿始终。起、承、转、合是一般文章的框架结构，但这其实也是一种比较笼统的说法。文学修辞往往也运用了阴阳对称的思想，排比结构需要四个部分来达到平衡，音节也是四个，常见的成语也是用四字的形式来体现的，如我们常说“甲乙丙丁”，却不会说“甲乙丙”。

通过上述内容可以明确发现，英语和汉语的句子结构存在差异，汉语的句子结构受语义的影响，而英语句子结构主要遵循语法规则；汉语句子按照阴阳逻辑的原则，一般都采用话题—说明的结构，而英语句子受到形式逻辑的限制，通常使用 SVO 结构。中国人常说的“我说几句话”，这里的“句”，具备完整的含义。因此，标点符号在汉语中的作用为表示语气的变化和停顿，也就是所谓的“句读”；而在英语中，标点符号的作用则是明确句子的完整性并确保其表达的含义正确无误。

三、英汉互译的技巧

将英语句子结构看作三分，将汉语句子结构看成二分，有助于解决更多的问题，如句法分析、阅读理解、教学写作等，同时也更便于翻译工作者进行汉英之间的文字互译。下面将一一进行举例说明。

（一）英译汉

从句子的结构上来看，英译汉就是句子三分结构变两分结构的过程。有些时候进行英译汉，总感觉译文不通顺，这是因为没有改变句子结构，沿用了三分结构进行直译，如果按照汉语的两分结构的习惯进行翻译，那么就会通顺许多。

例如，英语原文：“The strong walls of the castle served as a good defense against the attackers.”

译文：那城堡的坚固城墙充当了抵御进攻者的良好防御物。

通过观察这段译文，我们可以发现这句话显然是按照英语的三分结构进行简单直接的翻译的，读起来不通顺，也不符合汉语的阅读习惯，因此应译成“那座城堡的城墙很坚固，在敌人的进攻中起了很好的防御作用”这种两分结构，既符合了阴阳对立，也使译文水准得到了提高。

例如，英语原文：“That dirty old house is an offense to everyone who lives in the street.”

译文：那座肮脏的老房子使住在那条街上的人都讨厌。

这段译文读起来拗口，这是因为原文是SVO三分结构，句子长、成分较多，比较复杂，进行直译会使译文不通。因此，要将其改成两分结构，把偏正结构的原主语转变为描写句，打散了长句，使节奏变短、符合汉语习惯。修正之后的译文为“那座老房子很脏，住在那条街上的人都觉得被冒犯了”。

例如，英语原文：“Her efforts gained her a reputation.”

译文：她的努力为她赢得了声誉。

这句英语原文也是SVO的三分结构，上述翻译是对其逐字句的直译，在汉语当中往往不会使用这种表达方式，将其改译为“她很努力，名声很好”则更加贴切。

例如，英语原文：“It is difficult to quantify the value of a good education.”

译文：要用数量来测量好教育的价值是困难的。

这段英语原文采用的使SVP的结构。在原本的汉语习惯当中，并没有这样的表达方式，但随着语言的交流与融合，在现代汉语中也逐渐有了这种句式的影子，但还是有些不顺口。在进行翻译时，不要过于拘泥于原文当中的一字一句，因此把这句话改成前后两部分是更好的选择，即“教育质量的好坏，难以量化。”原文中的“good”，表达的是“好的程度”而非“好”；原文中的“is”（是），在翻译时可以进行省略。

例如，英语原文：“You’re lucky enough to have a united family.”

译文：你真幸运，能有一个足够和睦的家庭。

这段英语原文是SVP结构，上述译文将其进行直译，但因为英语和汉语在进行因果关系的叙述时存在着差异，因此这种译文不符合汉语先因后果的表达习惯，改成“你家庭和睦，真有福气”会更好。

例如，英语原文：“Unlike her mother who is dark, she has a fair complexion.”

译文：和她那肤色棕黑的母亲不一样，她的肤色白皙。

这段英语原文是SVO结构，位于句首的状语表明它是一个话题，在这一方面，英语与汉语的表达句式相同。但是这段译文拘泥于原文的定语从句，翻译后的句子显得不通顺。因此，可将定语从句合并，并与主句并列，改为“她不像她母亲，她很白，而她母亲肤色黑”，翻译效果会更好。

（二）汉译英

用英语三分句子的完整结构来表达汉语两分句子的完整含义，就是汉译英。在这个过程中，找到对英语来说很重要的主谓宾成分极其重要，当 SVO 成分齐全了，那么这个句子才是个完整的句子。下面以戴乃迭和杨宪益对鲁迅《一件小事》的译文为例子，进行详细说明。

例如，汉语原文：我从乡下跑到京城里，一转眼已经六年了。

译文：“Six years have slipped by since I came from the country to the capital.”

这段英语译文将话题成分译为状语，将说明成分译成主语，符合 SVA 结构，是一个合格的句子。

例如，汉语原文：以前的事姑且搁起，这一大把铜圆又是什么意思?

译文：“Setting aside what had happened earlier, what had I meant by that handful of coppers?”

这段译文也是把话题成分译为状语，说明成分译成主句，具备完整的 SVO 结构。

例如，汉语原文：这事到了现在，还是时时记起。

译文：“Even now, this remains fresh in my memory.”

这段原文，第一句是话题，第二句是评论。“这事”作为“记起”的宾语，在进行翻译时，主语为“这事”，可见 SVP 成分齐全。

例如，汉语原文：巡警走近我说，“你自己雇车罢，他不能拉你了。”

译文：“The policeman came up to me, and said, ‘Get another rickshaw. He can’t pull you any more.’”

在汉语原文当中，引号内的前半句是话题，后半句是说明，二者共同组成了完整的意思。在英译当中，将其分成两个独立的句子，第一个为祈使句，第二个为 SVO 结构，二者成分均完整。

例如，汉语原文：这是“民国”六年的冬天，大风刮得正猛，我因为生计关系，不得不一早在路上走。

译文：It happened during the winter of 1917. A bitter north wind was blowing, but to make a living, I had to be up and out early.

在这段英语原文当中，四个短句构成了四象格局。其中前两句是背景，为阴，后两句是活动，为阳。整个句子包括了事件发生的时间、背景、起因和行为。译者在翻译时，将其进行分割，分成两个句子，成分结构完整，符合英语表达习惯。

第四节　英汉句子动静态差异分析

语言是思维的载体，思维方式深刻地影响了语言的表达方式，英语句子的中心在动词上。然而，相比汉语句子，英语的动词使用频率反而较少。分析了邓小平《在武昌、深圳、珠海、上海等地的谈话要点》及其译成的英文文本、英国首相撒切尔夫人在中国欢迎宴会上的讲话及其译成的中文文本，以及美国罗斯福总统第四任就职演说及其译成的中文文本这三个翻译材料后，可以发现，在这三个材料中，汉语使用的动词比率分别为33%、24%和25%，而英语使用的动词比率分别为14%、11%和15%。

在英语和汉语中，动词和名词都是最基础和最关键的两类词汇，动词和名词在句子中的使用方式和频率常常会决定句子的状态是静态还是动态。汉语的语句特点在于常常采用动词，所以它的表述也更加注重动态性；名词在英语句子中占主导地位，因此英语句子更多地呈现静态状态。使用名词表达思想和以动词为中心构建句子并不矛盾。英语句子以谓语动词为核心，其他成分以主谓结构为基础在谓语动词周围展开，然而，英语是一种形合语言，动词在使用时需要考虑其形态限制，因此表达相对不太灵活。与英语不同，汉语是典型的分析型语言，它不限定语法和动词形态，因此，在使用动词时，不需要考虑与其他成分的形态对应，这给句子构建带来了极大的自由度和灵活性。

由于英语与汉语的结构特点和两种文化对事物的不同认识方式，英语句子通常更注重名词，而汉语句子则通常更注重动词。具体体现在以下几个方面。

一、英汉句子中动作、行为状态等概念不同的表达方式

在英语中，许多动作、行为、状态等概念通常采用名词或名词组表达，而在汉语中则更多地使用动词来表达。

在英语中，很多抽象的名词都是通过给动词添加词缀来形成的，如“departure, failure, agreement, visibility, evaluation, creation”等。这些名

词通常描述的是一种概念或者状态，而不是具体的物品或者事物。相比之下，汉族更倾向于形象思维，使用抽象名词的情况较少，通常使用更具体的词汇进行表达。在汉语中，往往用动词表达那些在英语中通过词缀虚化成抽象名词的意思，因为这些抽象名词难以直接用汉语表达。

例如，英语原文："The abuse of basic human rights in their ow country in violation of the agreement reached at Helsinki earned them the condemnation of freedom loving people everywhere."

译文：他们违反在赫尔辛基达成的协议，在国内侵犯基本人权，因此受到了各地热爱自由的人的谴责。

英语原文："The doctor's extremely quick arrival and uncommonly careful examination of the patient brought about his very speedy recovery."

译文：医生迅速到达，并非常仔细地检查了病人，因此病人很快就康复了。

英语原文："Our son has been a disappointment to us."

译文：我们的儿子令我们失望。

在英语中，名词的使用相比动词来说要更自由，对于名词形态变化的要求较少，因此为了不被限制，衍生出了很多由动词变化而来的名词，来替代原有动词。在英语当中有许多名词都是由动词转变而来的，因此也使得一些句子从动态变为了静态。

例如，汉语原文：你是个骗子。

译文："You are a liar."

汉语原文：这个时期的大探险事业的主要是由他们推动的。

译文："They were the prime movers in all the exploration of the period."

在一些比较正式的文体（科技、法律、政治等）当中，英语的用名词表示动作这一特点显得更加突出明显。这种表达手法令句子更加庄重、严肃、谨慎，与动词相比，也更委婉、含蓄。

例如，汉语原文："振兴科技和繁荣经济，必须坚持教育为本。"

译文："The vitality of science and technology and the prosperity of economy must be based on education."

二、英汉句子中动词使用灵活性的不同

在汉语中，动词使用比较灵活，同时能作为句子成分进行使用，例如主语、定语、谓语、状语、补语等，因此出现频率自然较高。英语中的很多用形容词、

副词、介词等表达的概念反映在汉语当中都可以当作动词进行使用。如下文所示。

① Is this train for New York？这趟火车是开往纽约的吗？

② Higher temperatures are associated with greater melting rates. 温度升高，熔化速度就越快。

③ The manager let the experts in and others out. 经理让专家进来，而让其他人出去。

在汉语句子中，动词可以采用兼语式或连动式这类特殊句型，使其连用而不改变句子的意思。但是在英语中只允许使用一个限定动词作为谓语，而不能多个并列动词一起使用。当翻译含有多个动词连用的汉语句子时，一般只保留一个谓语动词，而将其他动词转换成非谓语动词或名词等其他词性，以确保句子结构正确。如下文所示。

①我倒了一杯茶给他喝。I offered him a cup of tea.

②那个老人拒绝别人帮他。That old man refused others'help.

在汉语中，动词的重复使用能够用来表达尝试或短暂动作的意思。如下文所示。

①要吃有吃，要穿有穿。You will have enough to eat and sufficient to put on.

②说是说了，没有结果；做是做了，没有成功。I have made proposals but in vain；I have made attempts but without success.

综上所述，汉语在加强句子的动态表达时可以采用这样的表达方式。除此之外，动词还可以进行组合使用，如来回、指控等。但是在英语当中，就没有这种用法，这也是英语动词使用频率不如汉语的其中一个原因。

三、英汉句子中介词使用的不同

介词在英语中出现频率很高，但是在中文当中却极少，且还是由古汉语动词演变而来，往往兼具动词和介词两种形态。英语中介词丰富，因此当翻译英文中用介词表达的概念时，常常用汉语动词来表示。

例如，英语原文："South Africa has refused to heed the legitimate appeal of the United Nations for cooperation."

译文：南非无视联合国要求合作的正当呼吁。

英语原文："There is no horror to these matters."

译文：这些事没有引起什么恐惧。

介词与名词往往搭配使用，而英语又较多使用名词，导致了介词的数量与使用频率也得以提高。名词和介词构成的介词短语常常会代替动词短语出现，这就使句子的动态效果被削弱，而静态效果被加强。如下文所示。

① The police are in pursuit of the criminal. (The police are pursuing the criminal.) 警察正在追捕罪犯。

② The machine is in operation. (The machine is working.) 这台机器正在运转。

四、英汉句子中谓语动词使用的不同

在汉语中，通常会使用多个简短的句子相互连接，通过动词表现时间或逻辑上的顺序，逐层展开句子的含义，每个简短句子都有自己的谓语动词。英文句子结构要求严格，常含有连词、分词、介词等多种成分，这些成分都围绕主语和谓语来构建句子。一个句子只能有一个谓语动词。

汉语是一种重视意合的语言，在表达上虽然句子结构松散，但表达的含义却是聚合的。汉语通过时间或逻辑等方式将多个小句组合在一起，且动词的使用频率相对较高。在英语中，句子通常注重逻辑性和完整性，并采用各种方式来扩展句子，使其结构更加严谨，因此使用较多的是长句，而动词则由于受形态限制往往使用较少。

例如，英语原文："The isolation of the rural world because of distance and the lack of transport facilities is compounded by the paucity of the information media."

译文：由于距离远，并且缺乏交通工具，导致农村社会与外界隔绝，而这种隔绝，又由于通信工具不足而变得更加严重。

英语原文："Inadequate training for farmers and the low productivity of many farmers place the majority of country dwellers in a disadvantageous position in their own countries."

译文：农民缺乏训练，许多农场生产率低，这就使得大多数农民在他们的国家处于贫穷的困境。

用名词化结构来代替句子或是从句，常常出现在英语中较为正式的文体当中。这会使得句子更加紧凑、简练、严肃、庄重，会增强句子的静态感。

例如，英语原文："Shortness of time has required the omission of some cities."

译文：由于时间短暂，未能访问一些城市。

英语原文："The strong growth in China-US trade is fundamentally attributed to the highly complementary nature of two economies."

译文：中美贸易之所以能迅速发展，根本原因在于两国经济具有极大的互补性。

英语句子和汉语句子在动静态方面有着较大的差异性，这与名词、动词在句子中的使用有着密切的联系。除此之外，以下两种因素还对英汉句子动静态的差异造成了影响。

第一，语态影响了句子叙述的动静态。

无论是英语还是汉语，主动语态和被动语态都是语态的重要组成部分。其中，主动语态侧重于动作，是一种动态的表达，而被动语态则是静态的，主要侧重于完成动作之后的状态。在汉语思维当中，讲究"事在人为"，因此行为动作必定与人相关，不可能是由事物本身自发进行的，所以在汉语当中常常用人称表达法来体现出动作的发出者，而英语则没有这种表达习惯。因此在对英语进行汉译时，需要将被动转为主动，才能使句子通顺、自然，从而更好地进行翻译。

例如，英语原文："The expansion of metals on heating must be taken into consideration before a long metal bridge is built."

译文：在建造一座金属大桥前，对金属受热膨胀这一现象必须加以考虑。

英语原文："Goodyear, an American, had been trying for years to find a way in which rubber could be made hard non-sticky, and yet elastic."

译文：有一个叫古德伊尔的美国人一直在努力寻找一种方法把橡胶做得硬而不黏，但是却有弹性。

英语常常使用被动句，而汉语则很少使用。在很多情况下，被动句表明了某些状态的倾向，因此英语句子往往更倾向于静态叙述。

第二，句式影响了句子的动静态。

汉语常常动词连用，产生了连动式、兼语式的特殊句式，导致了汉语中动词的出现频率较高。而英语则较多使用静态的"there be"句式，虽然汉语当中也有类似的用法，但不常见。在表达"存在"这一含义时，动态句是汉语的首选。

例如，英语原文："There was an English evening party in the hall last night."

译文：作业大厅里有一场英语晚会。

英语原文："There happens to be none in the room."

译文：屋里恰好没人。

英汉句子状态的差异并不是绝对的，而往往是相对的。在某些特定的情况之下，英语的动态句也可能会比汉语多，反之，汉语中的静态句也可能出现比英语静态句多的情况。但一般情况下，英语还是更倾向于静态表达，而汉语则更加侧重于动态表达。

第五节　英汉句子结构的差异对翻译的影响

在英汉互译、跨文化交流及外语教学过程中，人们往往会面临句子结构差异带来的交流阻碍。如果对两种语言的句子结构掌握不足，那么在进行翻译时就会容易对原文逐字逐句的直译，留下生硬的翻译痕迹，使句子不通顺，不符合目的语的表达习惯。因此若想提高翻译水平，翻译工作者就必须了解这些差异并找到其中的规律。

一、英语重后饰，汉语重前饰

虽然汉语句子和英语句子都会使用SVO的结构，但是他们的状语和定语等修饰语在句子中所在的位置差别较大。其中，汉语的修饰语一般位于所修饰成分之前，无论数量多少；但是在英文当中，修饰语则既可以放在修饰成分之前，也可以放在之后，如当用分句或短语作为修饰语时，一般情况下放在修饰成分后。

例如，英语原文："The man who talked to me at the club last night is my boss."

译文：昨天在俱乐部和我说话的那个人是我的老板。

假如在句子中有多个修饰成分，那么在进行翻译时应该按照下面两种情况进行具体分析。

（一）多项定语

如果在英语句子当中，修饰语是两个以上的定语，那么应按照由小到大、由近及远、先次要后主要及由弱到强的顺序，而汉语则与之相反。

例如，英语原文："Without the strong Party leadership, we couldn't have achieved tremendous successes."

译文：没有党的坚强领导，我们就不可能取得巨大的成就。

从上面这个英汉对比来看，可以发现英语中的“strong”位于“party”之前，“党的领导”是重点强调内容，而汉语则与之相反，更侧重于“坚强的领导”。

在进行英语的定语翻译时，不仅要尊重原文的含义，更要按照汉语的表达习惯将其进行转变。哪怕是翻译单位定语，也应该按照汉语的表达习惯转变成分或改变其位置。

例如，英语原文：“She was an intelligent, attractive and somewhat arrogant daughter of a famous lawyer in London.”

译文：她是伦敦一位著名律师的女儿，有才华，又迷人，但有点傲慢。

（二）多项状语

一般而言，在英语中，状语会跟在谓语动词后面进行修饰，但是有时候为了增强语气，状语会被放在句子的开头位置。通常情况下，在汉语中，状语会出现在其修饰的谓语动词前面；然而，有时候为了突出重点，也会将它放置在句子的主语前面。一般来说，在英文句子中，方式状语通常会放在地点状语的前面，而地点状语则会放在时间状语之前；在汉语中，地点状语常常被放置在时间状语之后，而方式状语则通常被放置在句子的结尾。

例如，在对“我们上周日在她家饱餐了一顿”这句话进行翻译时，需要将其译成“We ate to our hearts'content at her home last Sunday.”

英语和汉语在进行互译时，里面的状语顺序是相反的。因此要采用“反其道而行之”的方法来对修饰语进行翻译。

二、英语重心在前，汉语重心在后

在句子的重心方面，英语和汉语反而存在一定的相同之处。从逻辑的角度来看，英语和汉语的重心都往往落在断言、结果、事实和结论上，那么二者的重心完全相同吗？其实也不尽然，二者重心的位置还是存在一定差异的。在进行多逻辑思维表达时，汉语的重心会比较靠后，按照先因后果、由事实到结论、从假设到推理的顺序进行叙述；而英语则与之相反，重心比较靠前，会将结论等放在前面，然后再进行详细描写或叙述事实。在复杂的语言环境下，人和活动的重要性一定有着主次之分，必然有一部分是焦点，有一部分是重点，还有一部分则是陪衬。因此翻译工作者在进行翻译时，必须在译文中强调这些特征。

例如，汉语原文：培养学生的独立工作能力是我们的主要任务。

译文：“Our main task is to develop the students'ability to carry on independent work."

英语原文:"Tragedies can be written in literature since there's tragedy in life."

译文：生活中既然有悲剧，那文学作品就可以写悲剧。

在第一个例子当中可以看到，在翻译时句子的重心发生了偏移，汉语中的宾语在译成英语之后反而成了句子的主语。在第二个例子当中，英语的“先果后因”和汉语的“先因后果”就更加明显了；虽然这段英文也可以翻译成“文学作品可以写悲剧，就是因为生活中有悲剧”但表达效果远不如“生活中既然有悲剧，那文学作品就可以写悲剧”这种“先因后果”的表达方式。而且前者也不如后者更贴合读者的语言习惯。

三、英语多复合句，汉语多简单句

汉语注重意合，因此使用短句和简单句较多；英语则注重形合，再加上各种关系词和替代词的广泛使用，因此出现了很多复合句和长句。如下文所示。

The man with endless money and a friendly manner was not a lord at all but a government employee living out a fantasy that he was a Scottish noble and paying for it by stealing funds from Scotland Yard.

确定主干是分析这种结构复杂的长句子的第一步，也是最关键最基础的一步，然后在确定了主干的基础上，对句子的其他成分进行详细分析，从而找到句子的行文脉络，翻译出贴合原意、符合读者审美的佳句。在对这个例句进行分析时，要先找主干，可以发现主干是“The man was not a lord at all but a government employee”，而其他的句子成分都是服务于这个主干的。这个句子使用“the”“with”“living”“paying”将句子中的各个组成部分与主干进行连接，构成一个简练、顺畅、有条理、符合逻辑的复杂长句。因此在进行翻译时，要将长句化为短句，以符合汉语语言表达的特点。为了使语句连贯、还可以适当增添一部分合适恰当的词语进行修饰、补充、说明，以此实现翻译的“信”“达”“雅”。因此上面那个英语长句翻译成汉语就是“这个财源滚滚、举止友好的人并非什么勋爵，而是一名政府公务员。他幻想自己是位苏格兰贵族，并从苏格兰场（伦敦警察总署）盗用钱财来买这个贵族头衔。”

英语长句采用了空间搭架的形式来进行语言表达，该表达方式的中心在于谓语动词，采用主谓结构作为句子的主干，同时通过广泛使用分词、介词、连词、关系代词、关系副词及动词不定式等，逐渐深入，构建出向外扩展的空间图式。汉语则往往会使用一系列动词或连续的句子，按照时间和逻辑顺序讲述事件，呈现一个时间顺序的流水图式。

例如，英语原文："He had flown in lust the day before from Hawaii where he had spent his vacation after the complement of the construction job he had engaged in the south."

译文：他原来在南方参加一项建筑工程，任务完成之后去夏威夷度假，头一天才坐飞机回来。

在进行英语长句翻译时，应当首先明确句子的结构，对句子形成一个整体的认知，然后就可以打破这个结构，按照所翻译的语言的习惯，将句子的各个成分进行重新排列组合，使译文通顺、完整，表达含义清晰、明确，而这也成了翻译实践和外语教学的共识。在英汉互译的具体操作当中，也有着一定的技巧与方法，如在汉译英时，"以零聚整"是一个简单有效的方法，即突破汉语中时间顺序的限制，将其按照英语的空间搭架形式进行转变，组合成复合句；在英译汉时，"化整为零"这一方法使用较多，即打破英语的空间搭架结构，按照汉语的时间顺序进行重新组合。

例如，英语原文："And he knew how ashamed he would have been if she had known his mother and the kind of place in which he was born, and the kind of people among whom he was born."

译文：他出生在这一类人中间，他出生在这种地方，他有这样的母亲；这些要是让她知道了的话，他知道该多么丢人。

汉语原文：贾琏见他去了，只得回来瞧凤姐。谁知凤姐已醒了，听他和鸳鸯借当。

译文："As soon as she had gone, Jia Lian went in to see Xifeng, who had woken up and heard him ask for a loan."

在第一个例子中，英语句子由一个主句、一个条件状语从句、两个定语从句组合而成，其中主句为"他知道该多丢人"，这也是整个句子的中心内容。这段英语长句包含了四个方面的内容：第一方面，他知道该多丢人；第二个方面，要是让她知道了话；第三个方面，他有这样的母亲并出生在这里；第四个方面，他出生在这一类人当中。在汉语中，对一件事进行描述时，会按照时间顺序先说最早发生的事情或者事情发生的条件，然后再说结果，因此在进行翻译时，可以将这个句子进行逆推，得到符合中国人语言习惯的译文。

在第二个例子当中，为了符合英语的表达习惯，因此使用连接词“as soon as”将两个汉语句子进行连接，形成一个英语长句。同时使用“who”这个关系代词，令译文的结构严密、条理清晰、逻辑通顺。

很多初学者在学习外语时，会自然而然地沿用母语的表达习惯，有时会误打误撞，理解正确，有时候则会发生错误。如果外语和自己母语之间存在着许多的差异，那么就很容易出现错误。对于汉语和英语而言，二者在句式结构上存在着很多的不同，因此在翻译时不能只进行简单的单词换单词，否则很容易造成理解上的偏差。翻译工作者在进行翻译时，只有对原文进行深入了解，掌握原语和目的语之间的异同，才能得心应手的开展翻译工作，使译出的文章达到“信”“达”“雅”的翻译标准。

第四章　英汉语篇的对比与翻译

本章为英汉语篇的对比与翻译，包括以语篇为单位的翻译、英汉语篇衔接手段的差异及翻译、英汉语篇连贯的差异及翻译。

第一节　以语篇为单位的翻译

在语篇语言理论不断丰富的研究背景下，以语篇为根本出发点，对翻译内容进行讨论成了一个研究的热点话题。构成语篇的语言单位共同构成了一个语篇的整体信息，所以有的人认为只翻译出语篇中的单个词语或某一个句子的含义，整个语篇的含义就会十分明了，这种观点是不够全面的。

一、语篇以下翻译单位的局限性

词素、词、词组和句子是语篇以下的翻译单位的独立语言层次。词素的概念在日常的表达中不常见，所以不应该在此讨论。人们认为，确实有一些英汉词、词组是可以从语篇整体信息脱离出来进行翻译的。如下文所示。

例 1："I like dogs."

我喜欢狗。

例 2："His parents kept on throwing old water on his plan."

他的父母一直往他的计划上泼冷水。

但是，在一定情况下，会出现一词多义的问题，在这种情况下，一词组多义的翻译就不能够脱离整个句子的含义了。

例 3："The boy kept on making faces to other students, so the teacher showed him the door."

那个男孩不断向同学做鬼脸，所以老师将他撵了出去。

在例 3 中，"show him the door" 就不能按照原意"把门指给他"翻译，根据前文内容，男孩向同学做鬼脸，以及整个句子的意思，“show him the door”应该被翻译为“将他撵了出去”。所以，虽然词和词组是句子的基本单元，但是翻译工作者需要从句子的整体层面把握翻译的具体方法，才能够翻译出最适合语境的译文。

这么一来，有的人会提出这样的观点：句子是翻译的最基本单位。但是如果将句子独立于整个语篇的信息，句子的翻译也会出现不准确的问题。

例 4：“I din't marry him because I love him. I married him because he was rich.”

我不是因为爱他才和他结婚。我和他结婚是因为他很富有。

在翻译例 4 时，如果只看前半句话，是存在两种翻译方式的，第一种——我没和他结婚是因为我爱他，第二种——我和他结婚并不是因为我爱他。但是，如果结合第二句话的含义，这句话就应该翻译为我和他结婚并不是因为我爱他。

从上面的翻译案例中可以知道，不管是词、词组还是句子，如果将他们独立出来翻译，翻译的含义是不准确的，会存在一定的局限性。翻译工作者应该将词放在词组中翻译，将词组的翻译融入整个句子的语境中，而单个句子的翻译只有放置在整个语境中，译文的含义才最为贴切，所以笔者认为语篇应该是翻译过程中最应该重视的地方。

二、语篇作为翻译单位

语篇翻译对应的翻译理论基础应该是语篇语言学的相关内容，翻译工作者将语篇作为翻译的根本，使原语语篇和译语语篇的翻译语境处于一个平等的对话关系中。布格兰德是最早指出翻译基本单位是语篇这一理论的学者，他认为单词和句子并不是翻译的最小单位，翻译的基础应该是语篇。根据布格兰德的观点，有学者认为，在传统语言学模式指导下的翻译过程是一个句子内部之间意义互不关联的自上而下的过程。这种翻译过程产生的句子，读者的认同感较低；但是语篇语言学则提出了相反的观点，它认为这是一个自上而下的过程，且首先应该保证译文在目的语中对应含义是准确的，并且体现出具有的语篇作用。因此，在实践的过程中，要先构建一个适合目的语社会发展的语篇，是从上到下的选择相应的语言资源内容。

所以，根据以上的分析可以发现，语篇翻译法具备较强的优势。一个句子只有处于客观、完整的语境中，才能够展现出体系全面的内容，展现出其特定的交际作用，如“however, this is not true.”这个句子如果脱离了语篇的环境，是很难找到相应的词说明“this”的含义的。所以，翻译工作者应该从语篇的角度入手，对翻译的方法进行分析，只有从语境的角度对词语的意义进行分析，才能够掌握词语的准确内涵。翻译工作者应该积极寻找和本意相符的翻译语，拆分句子的词语和结构，从而表达出原语的内在含义和文化内容。也可以这样说，翻译工作者应该将语篇作为翻译背景，分析句子之间的关系，而不是一味地追求文字之间的一一对应。

第二节　英汉语篇衔接手段的差异及翻译

韩礼德和哈桑认为，如果对语篇中一个语言成分的理解会影响对另一语言成分的理解，那么这两个语言成分实际上构成了一种粘连关系。[①] 粘连关系也可以称为衔接关系。所以，在分析语篇的过程中，应该做好衔接的工作，它也体现在语篇分析的表面结构上。在韩礼德和哈桑看来，照应、替代、省略、连接词和词汇衔接都是衔接方法的主要方面。衔接手段的主要两个类型是语法衔接手段和词汇衔接手段，语法衔接手段包括照应、替代和省略，词汇衔接手段包括词汇衔接和连接词，其能够将语法和词汇衔接在一起。虽然一些语言学家认为，语篇的语义连贯不能够从表面的衔接情况来看，而且语义连贯的语篇和衔接良好的语篇有较大的差别，根据多个语篇的实际分析状况，可以得出这样的结论：衔接能够帮助语篇实现连贯的目的，衔接也能够衡量语篇连贯的效果。所以，可以将衔接手段看作是语篇研究的一个部分内容，并重视这一部分发挥的作用。

一、照应

在语篇中，如果词语本身的含义较为隐晦，不容易被发现，必须从词语所指对象中才能够发现，那么所指对象和词语之间就形成了照应关系。所以照应关系也是语义关系的一种类型，它指的是语篇中的一个成分可以成为另一种成分的照应点，也可以这样说，语篇的一个语言成分和另一个语言成分之间是互通的。

例 1：“Tom was born in January 1st, 1980. He is the youngest student in our class.”

汤姆生于 1980 年 1 月 1 日，他是我们班最年轻的学生。

---

① 许余龙．对比语言学概论[M]. 上海：上海外语教育出版社，1992.

“he”起到的是指示的作用，在上面的句子示例中可以发现，“he”的具体含义是根据指代对象的变化而变化的。如果想让这个代词的含义更为清晰，就应该从上下文的语境出发，寻找相应的具有照应关系的词语，所以根据整个信息环境可以发现，“he”与“Tom”是一对照应的关系。

例 2：“One day the sun and the wind had a quarrel. The sun said he was stronger than the wind. And the wind said he was stronger than the sun.”

有一天，太阳和风吵架了。太阳说他比风还强壮。风说他比太阳还强壮。

在上面这一案例中，第二句和第三句中的“he”分别与“the sun”和“the wind”构成了两对照应的关系。但是“sun”和“wind”出现的时候，为什么用定冠词“the”，不使用不定冠词“a”呢？虽然在句子中找不到定冠词指代的事物，但是凭借以往经验可以知道“the sun”和“the wind”指代的内容。所以根据两个案例的具体内容，可以看出照应关系可以分为两种类型，分别是能够在语篇中找到指称对象的和在语篇中找不到指称对象的，即“内指照应”和“外指照应”。

内指照应又可以分为两种类型，分别是回指照应和下指照应。

例 3：“Kate didn't attend the party. She was ill yesterday.”

凯特没有参加聚会。她昨天病了。

例 4：“Who can believe this！ He finished the job within two days.”

谁能相信他在两天内完成了这项工作。

例 3 中的“she”，是指代的上文中的“Kate”；例 4 中的“this”指代的是下文中的“he finished the job within two days”，所以指代对象在上文的是指回指照应，指代对象在下文的是指下指照应。汉语中同样也会出现这样的情况，相关的例子会在下文中说明。

根据上面的案例可以发现，照应不仅是指在句子层面的照应，在语篇层面也会出现照应的现象。在句子层面的照应可以让句子前后的衔接更为顺畅，例 2 就是一个很好的例子。如果照应发生在语篇中，那么照应的作用就是超越句子结构，并做好照应成分和照应对象之间的关系处理。

在韩礼德和哈桑看来，人称照应、指示照应和比较照应是照应的三个分类。下文将从这三个方面论述英汉语之间存在的差异。

（一）人称照应

只要发挥人称代词、所属限定词、所属代词的作用，就可以形成人称照应的关系。韩礼德和哈桑对人称照应系统做出了总结和归纳。

韩礼德和哈桑从人际代词代表的人际角色关系出发，将人称系统划分为第一、第二、第三人称。从语言的习惯角度出发，第三人称代词一般用作人称照应，因为单数第一，第二人称在表达的语境中不需要具备语篇衔接的功能。复数的第一、第二人称一般情况下可以用作外指照应。

在汉语中，可以根据人称代词体现出的人和角色关系，也可以将人称代词分为三种类型：

第一人称：我，我们。

第二人称：你，你们。

第三人称：他，她，它，他们，她们，它们。

除此之外，汉语还可以用“咱们，您，大家，鄙人，人家，自己”等词进行人称照应。

汉语和英语在人称照应方面存在三种主要的不同。

首先，英语人称代词的形态变化体现在性、数、格三个主要的方面，汉语仅仅体现在性这一方面。汉语为了体现出数的变化，在人称代词后面加了“们”。另外英语为了表示所有格的区分，变化了词语的形态（my，his，her，their 等），而在汉语中，在表达所有格时，通常会在人称代词后面加一个“的”。

其次，英语中的反身代词为“myself，yourself，himself，ourselves”等，汉语在使用反身代词时，可以直接用“自己”来代指，既可以指我自己，也可以指你自己，没有形成独立的语篇衔接。

例 5：“I happily laughed a hearty laugh. I knew it was real relief of mind.”

我高兴得放声大笑。自己知道这是一次真正的精神解放。

最后，汉语中没有关系代词的表达，英语中却有，所以在日常的翻译中，汉语的表达习惯是用词汇重复和相关的代词替代英语内的关系代词，但是这样的表达习惯会让句子的结构较为烦琐。

例 6：“Jack was a famous writer, who just left a few minutes ago.”

杰克是一个著名的作家，他（杰克）几分钟之前刚离开。

（二）指示照应

指示照应指使用指示代词、限定词和冠词来表达句子中的照应关系。在英语中，一般有三类词可以用于指代指示照应：指示代词（this，that，these， those)、指示副词（here，there，now，then）和定冠词（the)。英语的指示照应有以下的特征。

首先，“this”“that”“these”和“those”，这四个词语不仅可以充当中心词，也可以起到限定词的作用。如果从空间的角度出发，对这四个词语进行分析的话，“this”和“these”指的是近处的物体，“that”和“those”指的是远处的物体。空间上的具体参考点是说话人的位置。

例 7：“We are going to Beijing. This is our first visit there.”（近指，现在或将来的时间）

我们要求北京，这是我们第一次去那里。

“We went to Beijing last year.That was our fist visit there.”（远指，过去的时间）

我们七年去了北京，那是我们第一次去那里。

例 8：“There are a lot of mistakes in his speech. This made me confused.”（近指，同一个人说的话，空间上就说话人近些。）

他的演讲有很多错误。这使我感到困惑。

例 9：“There are a lot of mistakes in his speech.”

“I think so. That made me confused.”（远指，第二个人承接第一个人的说话，空间上就发话人远些。）

他的演讲有很多错误。

我想是的，这让我很困惑。

例 10：“I heard the morning flight has been postponed. If this is so, I will be very happy.”（this 前指照应）

我听说早上的航班被推迟了。如果是这样的话，我会很高兴的。

“I was stuck in the traffic jam.That was why I came here late.”（that 前指照应）

我陷入了交通堵塞。这是我来晚的原因。

其次，其实定冠词 the 自身是没有明确含义的，但是和名词一起使用时，就具备了代指的含义，而且四种类型的照应都可以使用。但是，韩礼德和哈桑认为，当定冠词“the”起到语篇衔接作用时，只能够代表回指照应的内容。“he”如果用于下指照应，一般是用于具有限制性修饰语的名词前面。

例 11：“She drew a picture with a boy and a girl in it. The girl was dressed in red.”（回指照应）

她画了一张图，里面有一个男孩和一个女孩。女孩穿着红色的衣服。

例 12："I quite like the gift that my mother gave me on my birthday."（下指照应）

我很喜欢我妈妈在我生日时送我的礼物。

最后，"here，there，now，then"都是英语中的指示副词，起到了内指和外指的双重作用。"Here，now"指的是近处的物品，"there，then"指的是远处的物品，但从语篇衔接的作用来看，它们用作回指照应的情况较多。

例 13："My grandfather always recalls his childhood. He said his family led a hard life then."

我爷爷总是回忆起他的童年。他说当时他家生活很艰苦。

例 14："I hope I'll be invited to the party. And I can see you there."

我很希望能被邀请参加聚会。我可以在那里见到你。

例 15："There seems to have been a great deal of sheer carelessness. Here is what I can't understand."

似乎有很多纯粹的疏忽。这是我不可理解的。

例 16："We have had dinner；now let's have some coffee."

我们刚吃过晚饭，现在让我们喝点咖啡。

汉语中的指示代词较多，其具体划分如下。

这（些），那（些）——指代人或事物。

这儿，哪儿，这里，那里——指代处所。

这会儿，那会儿——指代时间。

这么，那么，这样，那样——指代性质、状态和程度。

另外，汉语中还有一些词汇也可以当做指示限定词来使用，如今（番／次）、本（地／年）、此（时／地）、该（国）等。

在汉语的句子中，指示词的用法类型十分多样。汉语的指示词和英语的指示词对比如下。

首先，在英语和汉语的语篇中，使用指示词的概率是不同的。在英语的表达中，习惯于使用"that"，在汉语的表达中，人们习惯于使用"这"。在英汉语篇中，人们习惯使用的回指照应词也是不同的，在汉语中一般使用"这"，而在英语中人们习惯使用"that"这一词语。

例 17："He said nothing for a moment. Then：'I scribbled something in my notebook the other day for future use，just had the idea while driving along; that happens a lot.'"

他一时间没说什么。然后说："我那天在我笔记本里记下了一些话以备将来用。是在开车时临时想到的，那是常有的事。"

（三）比较照应

在表达比较照应的句子时，英语和汉语的差别较小，主要在表现形式方面存在一定区别。在进行比较照应的表达时，可以结合词汇的具体使用表达照应关系，如 same，equal，such，similar，different，likewise，other，identical 等，另外，在英语中，还可以使用单词的比较级变形来表达照应的关系。

例 18："Tom gets ten dollars a week for pocket money. Bob receives a similar amount."（similar 与前边的 ten dollars 构成照应。）

汤姆每周有十美元零花钱，鲍勃也是。

例 19："That's a fairly young lady to be pitied by and wept for by! How does it feel? Is it worth being tried for one's life, to be the object of such sympathy and compassion, Mr. Darnay?"（such 与 to be pitied by and wept for by 构成照应。）

这是一位年轻的女士，值得同情和哭泣？感觉如何？达内尔先生，值得为自己的生命而努力，成为这种同情的对象吗？

例 20："John took four hours to get to London. Bill, on the other hand, was driving more slowly than John."（副词比较级构成照应）

约翰花了四小时才到伦敦，而比尔比约翰干的慢。

汉语中用作比较照应的词有：同样的，相同的，不同的，类似的，其他的，等等。除此之外，汉语中还有比较结构：和……一样／相同／差不多，像……之类／那样，与……差不多，等等。汉语的比较照应和英语的比较照应在词形上没有较大的变化，在汉语中，涉及比较级时，一般会用这些词来代替：更，更加，比较，比……还／更＋形容词／副词，或不如……那样＋形容词／副词，没那么……。

例 21：天空积满了灰色的云块，呆滞滞地不动。她脸上的气色和天空差不多。

例 22：我开车的速度没她那么快。

二、替代

替代是指使用替代形式来替代上文中某一个成分的方式。使用替代不仅可以起到避免重复的作用，也能够将上下文很好地连接在一起。替代是一种词汇之间的关系，照应则是一种语义上的关系，也就是说，替代成分与被替代成分在指称方面不是一致的关系，但是在具体的语义上是相似的，它们的语法在功能上是一致的。

例23：Do you have a spare pencil？

—Yes，it is on the desk and you can get it by yourself.

你有备用铅笔吗？

是的，它在桌子上，你可以自己拿。

在这个例子中，"it"和上文形成了照应的关系，可见"it"和上文的"pencil"构成了指代的关系，而且"it"和"pencil"能够充当不同的句子成分。

例24：I want to have a cup of orange juice. What would you like？

—Give me the same，please.

我想要一杯橙汁。你想要什么？

跟你一样。

在这个句子里面，"the same"和上文中形成了一定的替代性关系，"the same"可以替代上文的"a cup of orange juice"，但不是指第一个说话者拿的同一杯果汁，而是和之前相同的另外一杯，而且"the same"和"a cup of orange juice"的语法地位是相同的，都可以充当宾语的成分。

从上面的案例中可以看出，替代与照应之间的关系，替代现象不仅可以用于句子层面，也能够用于语篇的层面，在句子中寻找替代成分可以替代的对象的过程，实际上形成了语篇衔接的过程。

在韩礼德和哈桑看来，替代可以分为名词性替代、动词性替代和分句性替代三种类型。在处理替代问题时，我们可以采用对应照译的方法，但是具体的用词是存在区别的，下面我们将从三个方面的替代关系中谈到英汉语替代现象的区别和差异。

（一）名词性替代

名词性替代指用替代词取代名词或名词短语。可以用作名词替代的词有"one，ones，the same，so"等。在汉语的表达中，常见的名词性替代词有"相同的""同样的""的"。下文将对英语和汉语中名词性替代异同进行具体的分析。

首先，汉语中的"的"和"者"在替代功能上和英语中"one，ones"的作用相近，在一定情况下可以改变翻译的语序。但是这些名词性替代的词必须和其他词汇结合使用，在替代名词词组的情况出现时，必须提前加入一定的修饰的成分，也就是说它们替代的只是起到中心词作用的词语。

例 25：In the garden there are many flowers in different colors：the red ones，the white ones and the yellow ones etc.

在花园里有各种颜色的花，红的、白的、黄的等。

其次，英语替代词存在单数和复数的区别，但是汉语中的“的”和“者”在形式上是相同的。

最后，在英语的表达中，“the same”可以替代名词词组，在汉语中同样也有相同的表达，如“同样的”“一样的”。但是在一定情况下，在翻译“the same”这个词时，也可以使用“也”这一表达。

例 26：Tom looks very excited after watching the football match.

—Mary looks the same.

汤姆看完足球赛后看起来很兴奋。

玛丽看起来是一样的。

例 27：I'll have a cup of coffee with sugar，please.

—Give me the same，please.

劳驾，我要一杯加糖的咖啡。

请给我也来一杯。

显而易见的是，如果在例 27 中也将“the same”翻译为“请给我也来同样的”，这和中文的常见表达是不相符合的。

（二）动词性替代

在动词性替代的使用习惯中，替代动词词组时只能够使用动词性替代词。

首先，在引语替代中，英语和汉语的一个最大的区别在于，英语句子可以直接使用替代动词“+not”表达否定的含义，但是在翻译为相关的汉语时，可以使用常规的“not+”来取代“+so”的作用。

例 28：Tom said the bridge had already been completed.

—Tom didn't say so.（Tom didn't say the bridge had already been completed.）

—No，Mary said not.（Mary said the bridge hadn't been completed.）

汤姆说大桥已经建成了。

不，汤姆没这么说。

不，玛丽说还没建成呢。

其次，在条件替代中，英文习惯使用“if+so/not”的形式，汉语中比较多使用“如果这样”“如果不这样”“不然”“要不然”等词汇进行对应。

例29：“You are expected to return the book on Friday; if not, you be fined.”

你应该在星期五将书归还，要不然你将被罚款。

最后，在情态替代中，替代词“so”和“not”经常出现在情态副词“perhaps, possibly, probably, certainly, surely, of course”之后，用来替代小句。值得关注的是，“certainly”“surely”和“of course”不能和表肯定含义的“so”结合使用。相对应的汉语中常用“是／会、不是／不会”等词加上汉语中的情态副词“大概，可能，也许，一定，绝对”等词来翻译。

例30：Do you think our football team will win the final game?

—Perhaps not.I think we are still lacking in sufficient practice.

A：你认为我们队会在决赛中取胜吗?

B：可能不会。我想我们还是缺乏足够的训练。

三、省略

在句子结构中，为了避免重复问题的出现，有效强调最重要的消息，会将某一成分忽略。省略也被称为零替代，算是一种特殊的替代类型。在日常生活中，省略这种情况是较为常见的，但是人们并没有因为省略的出现，而忽视了交际的根本目的。因为在日常的表达过程中，人们都可以在语境环境中找到需要省略的信息。所以，人们在理解一句话时，需要将另外一句话作为理解的基础，这样一来，每句话之间也就形成了连接的关系，这样在确定被省略的部分时，语篇之间的衔接也就形成了。名词性省略、动词性省略和分句性省略是具体的三种类型。下文将说明英语和汉语在这三种省略之间存在的相同和不同之处。

首先，英语中名词性省略包含名词词组之中中心词语的省略，中心词语部分修饰成分的省略，还有整个名词词组的省略。汉语中也有名词性省略的内容，但是在翻译的过程中，翻译工作者可以在译文中将英语中省略的部分突出出来。

例31：“I want some maps of China. Have you got any?”

我想要中国地图，你有吗?

例32：I did receive your message you left me yesterday.

—No, I didn’t leave any.

我们收到你昨天给我留的信息。

不，我昨天没给你留信息。

其次，英语中动词性省略是指对动词和词组中的省略。但是在日常的汉语表达中，这类情况实际上比较少见，如果在英语句子中省略了动词，那么在翻译过程中动词依然是被保留下来的。

例 33 “So I listen. I listen hard, and ask hard questions. And they talk. On and on they talk. Carolyn cries openly at times. Michael struggles not to.”

于是我就注意倾听，全神贯注地听，也问一些难以回答的问题。他们只管讲，不断地讲下去，卡罗琳几次不加掩饰地哭了，迈克则强忍住泪。

最后，汉语中的分句省略和英语中的分句省略都存在将分句部分省略或是整个省略的现象。

例 34：How did you come here？

—By train. (I came here by train.)

你是怎么来的?

坐火车。(我是坐火车来的。)

在省略方面，英语和汉语在表达的方式上存在较大的差异，英语是一种形合的语言，汉语则是一种意合的语言。因为英语的形合特点，所以英语中的省略通常是形态上和形式上的变化，但是汉语的省略通常是在意义上和省略的内容有较为直接的联系。所以，汉语的省略最重要的是符合表达的含义，只要表达的含义符合了，省略的时候可以忽略语法和逻辑的需要。在汉语的省略过程中，存在着一种“零位主语”的问题。也就是说，主题的形成是组词成句构成的，有的时候主语是可以省略的，中国读者在阅读这类文章的过程中并不会存在太大的问题，但是在将中文翻译为英语的过程中，翻译工作者需要对省略的内容进行补充，才能够达到英语的语法要求。

例 35：“The saga of the White Star liner Titanic, which struck an iceberg and sank on its maiden voyage in 1912, carrying more than 1500 passengers to their deaths, has been celebrated in print and on film, in poetry and song.”

白星邮轮泰坦尼克号在 1912 年的处女航中因撞上冰山而沉没，船上 1500 多名乘客几乎全部丧生。此后关于它的种种传说就一直成为各种刊物、电影及诗歌、歌曲的内容并广为流传。

在翻译前的英文原句中，使用了“struck”“sank”和“has been celebrated”三个不同的时态，目的是区分时间上的不同。但是在汉语的习惯表达中，需要将定语从句拆分开，但是为了确定句子含义和从句之间的关系，应该在翻译时在句子中加入“此后”一词，这样就可以做好语义的衔接工作。

四、词汇衔接

（一）时空关系与空间改变的衔接

首先，英语中的时空关系在汉语的表达中是能够转变为其他关系的。

例 36：Where there is a will there is a way.

有志者事竟成。

在例 36 中，句子中出现了地点状语从句，“where”对空间的概念做出了解释，但是在汉语的翻译中却体现出了明显的因果关系。

其次，在表达空间的改变时，汉语中经常使用连动式的表达方法，但是在英语的表达中，应该使用时间关系连接词来表达。

例 37：They two traveled through the woods to the other side of the village. Then crossing the stream, they reached a small garden which is filled with roses.

他们俩穿过小树林，到了村子的另一端。然后穿过小溪，又到了一个满是玫瑰的花园。

在这个句子示例之中，汉语的译文借助了汉语中的联动式表达方法来解释物体在空间上的变化。但是在英文的表达中，为了做好上下文的衔接工作，可以使用“then”这个时间关系连接词。

（二）因果关系和转折关系

因果关系和转折关系都能做好句子的衔接工作。因果关系的衔接作用体现在因果的对应关系，因果的表达必须联系语境的信息。转折关系和因果关系在使用上是相同的，下文只有和上文形成对照的关系，才能够体现出转折的含义。笔者之所以将因果关系和转折关系放在一起，是因为要说明英语和汉语在语句连接方面存在的差异，存在的差异主要是连接词的显性和隐性区分，逻辑关系的转变两个方面。在一定情况下，因果连接和转折连接的关系是可以转换的。本书提到的因果关系具有广泛意义上的关系，包括推论、目的、假设、条件等多个语义上的关系。另外，转折关系除了常见的“但是”含义之外，还有替换、转题、对比、让步等关系。

首先，英文中的显性因果及转折关系在汉译时可变为隐性的意义关系。

例 38：“Before medication there was no significant difference in the flowing speed between the control and the experimental animals. After medication, however, the flowing speed was markedly accelerated in the animals of the experimental group as compared with that in the control group.”

静脉注射丹参前后实验组动物与对照组动物血液流速的变化：给药前，对照组与试验组流速相比二者无显著差异。给药后，实验组与对照组相比流速显著增快。

在英语中为了表达对比的意思，使用了连接词“however”，但是如果在翻译时，使用“增快”这一能够体现语义对比的词语，那么使用“但是”这样的连接词就是没有必要的了。

例 39：“But his joy was only momentary, for when he tossed the magazine aside and came out of his room, he was confronted with all the things he so disliked. Lonely and bored, he returned to his room.”

但是这痛快也是暂时的，等到他抛开书走出房间的时候，他又看见他所不愿意看到的一切了。他立刻感到寂寞，便又无聊地走回房间。

在例 39 中，汉语的翻译“等到”意味着时间节点，它在翻译过程中起到的是衔接的基本作用，在翻译的过程中也体现出了原因和结果之间的关系，英语中的连接词可以直接表达因果的关系，汉语中却没有这样的连接词。

其次因为不同逻辑形式之间存在紧密的联系，所以在英汉互译的过程中，会存在因果关系和转折关系交换的情况。

例 40：“I take heart from the fact that, the enemy, which boasts that it can occupy the strategic point in a couple of hours, has not yet been able to take even the outlying regions, because of the stiff resistance that gets in the way.”

敌人吹嘘能在几个小时内占领战略要地，却受到顽强抵抗，连外围地带也没能占领，这样一来我增强了信心。

在例 40 中，在翻译成汉语的过程中，没有将原文的因果关系体现出来，翻译的重点在于突出“抵抗”与“占领”之间的关系，所以使用“却”更能够突出转折的关系。

（三）添加关系

语义的添加关系包括并举、增添、详述和总结等。英语和汉语在添加关系中的主要区别在于逻辑连接语。

首先，在英文的表达中，人们可以利用语法的形式丰富具体的关系，但是在汉语中必须结合含义明确的关系连接词才行。

例 41："During long journey, people may prefer to travel by train, sea and plane."

对于长距离旅行，有的人喜欢坐火车，有的喜欢坐船，有的则喜欢坐飞机。

例 42："Wearing an oversized padded robe, the little girl pushed the heavy roller around the grist mill, tear running down her cheeks."

这小媳妇穿着宽宽大大的棉袄，一边拉着大石磙，一边掉眼泪。

在例 41 和例 42 中，可以使用状语并列和独立主格的表达方式来论述并举关系，但是在汉语中并没有能够表达状语并列和独立主格的具体单词。

其次，在汉语中，在需要总结前文细节的时候，可以使用一些总结性较强的词语，但是英文中使用的句式结构比汉语的句子结构更为复杂。

例 43："The growth of class consciousness among the workers was inhibited by continued high level of employment and rising earnings for almost 15 years, combined with the propaganda of views in the labor movement reflecting the influence of Keynesian theories about the ability of capitalism to solve permanently the problems of 'boom and bust' through a 'managed economy' of built in stabilizers."

将近 15 年来，就业率一直保持高水平，工资收入不断增长，反映凯恩斯理论的观点在劳工运动中广为宣传（这种理论认为资本主义制度有能力通过具有内在稳定机制的"国家调节经济"，永远解决繁荣与萧条的交替出现的问题）。这些因素结合在一起，阻碍了工人阶级觉悟的提高。

在例 43 中，英文的句子本来是一个结构十分复杂的长句子，不同句子成分之间的逻辑关系是暗中确定好的。但是汉语和英语不同的是，句子的长度较短，因为在汉语中，重视语义的表达，而不是那么看重句子的内在结构，所以在汉语中，使用了"这些因素总结在一起"类似的表达，这样的表达是符合汉语表达习惯的，而且能够传达出明确的语义内容。

（四）词汇的同义衔接

词汇的同义衔接指某一词以原词、同义词、近义词、上义词、下义词、概括词或其他词语的形式出现在语篇中，使语篇前后衔接。关于词汇的同义衔接，英语和汉语的差异如下所示。

首先，在英语的表达中，人们需要注意表达上是否存在重复的问题，所以除了原词和近义词的表达之外，词汇衔接时也会将上下义词的使用结合在一起，但是在汉语中，表达的重点是语义的通顺与否，所以翻译工作者在翻译的过程中会将上下义词翻译为原词的含义。

例 44："The monkey's most extraordinary accomplishment was learning to operate a tractor. By the age of nine, the monkey had learned to solo on the vehicle."

这只猴子最了不起的技能是学会驾驶拖拉机。到了 9 岁的时候，这只猴子已经学会单独表演驾驶拖拉机了。

其次，当汉语中出现重复词汇表达的问题时，为了在英语语境下避免这一问题的出现，可使用替代、照应、省略等多种形式。

例 45：秋水鞠了个躬，这不是一种卑躬屈膝的鞠躬，他绝不会那样做。

"Qiushui made a bow. Not a servile one he will never do that."

例 46：他讨厌失败，他一生曾战胜失败，超越失败，并且藐视别人的失败。

"He hated failure, he had conquered it all his life, risen above it, despised it in others."

例 47：人不能只从讲解中学会发音，也不能光靠看、说明而真正体会出某种滋味来：声音必须耳闻，颜色必须目见，滋味必须口尝，气味必须吸入。

"One cannot learn to produce a sound from an explanation only, or get a correct idea of a flavor from a description: a sound must be heard, a color seen, a flavor tasted, an odor inhaled."

最后，在英语中，有的时候人们为了表达出更为清楚的意思经常用原词重复的方式，但是在汉语中，人们为了突出表达某种词语的含义，经常会使用同义词或者是反义词的表达方式。

例 48："It leads the discussion to extremes at the outset: it invites you to think that animals should be treated either with the consideration human extends to other humans, or with no consideration at all."

这种观点从一开始就把讨论引向极端：它使你认为对待动物要么像人关心他人那样关怀体谅，要么就完全冷漠无情。

由此可知，在原文中是为了强调关心和关怀，所以使用了两个“consideration”，但是如果在翻译的过程中，完全不做省略的话，那么翻译后的句子成分是非常多余的，所以翻译工作者可以通过反义词使用的方式来表达词汇衔接的内容。

（五）词汇的组合衔接

词汇的组合衔接和传统的词语搭配习惯区别较大。组合衔接不是简单意义上的搭配，而是在语义连接较为紧密的语境中表达出的较为连贯的语义，这些词语的具体内容表达需要在完整的语境中才能够实现。如果词语发展到了语篇的形成过程中，那么词语的意义就不再是独立的了，和字典中独立性质的意义区别开来了，词语的内涵也会跟随词语的具体组合情况而变化，也会受到上下文和语言环境的制约。语篇之中的词语处于一个动态变化的情况，所以它们之间的意义连接是十分紧密的，所以就形成了组合衔接。翻译工作者根据词汇衔接的主要特点进行翻译时，需要考虑到不同词汇形成组合的具体情况，只有从整体层面的语境出发，才能够让翻译的译文和原文的含义相匹配。

例 49：One of the things we have to understand about Japanese society is its gender structure, a structure similar to what the United States had in the 1950s. Women do all the domestic labor. Men are in the factories and shops and they're working long hours, but they don't do much work when they come home.They don't take care of children, they don't do housework, cooking. In the U.S. there are both men and women in the work force and both men and women ate home.Japanese workers may work longer in the marketplace, but you have to calculate the total amount of work that people do to figure out how hard people are working and how much leisure time they have.

译文 1：我们必须了解日本社会的一个特点，那就是它的性别结构，类似美国 50 年代的结构。妇女包揽全部家务劳动，男人到工厂、商店上班，工作时间很长，但回到家里就不干多少活了。他们不看管孩子，不做家务事，不做饭，等等。在美国，有很多男人和女人都在劳动大军之列，也有都在家里的。日本工人可能在市场里工作的时间较长，但是我们在估计人们工作的辛苦程度及他们有多少闲暇时，必须把整个工作量都计算进去。

译文 2：我们必须了解日本社会的一个特点，那就是它的性别结构，类似美国 50 年代的结构。妇女包揽全部家务劳动，男人到工厂、商店上班，工作时间很长，但回到家里就不干多少活了。他们不看管孩子，不做家务事，不做饭，等等。在美国，男女都参加工作，也都从事家务劳动。日本工人可能在工作单位劳动的时间较长，但是我们在估计人们工作的辛苦程度及他们有多少闲暇时，必须把整个工作量都计算进去。

上文的两个例子主要说明了日本和美国在性别结构上存在的主要差异。可以发现的是，译文 1 中有和上下文不通顺的地方，之所以出现这种问题，是因为译文 1 并没有明确这个语篇之中存在的词汇组合关系。在这一案例之中，存在着两个词汇的组合。工作地点组合："in factories and shops, in the work force, in the marketplace"，具体工作组合："do domestic labor, take care of children, do house work, cooking, at home" 等。所以在翻译时需要就此词汇组合链接。对应前文内容，日本男人在工厂、商店上班，后文的 "in the marketplace" 就不应译为本意的 "市场"，而应该译为 "工作单位"，因为日本人的工作地点是多样的，不仅仅在市场中工作。前文提到了日本的男女社会分工和美国 20 世纪 50 年代相似，男人在外工作，妇女在家料理家务；而后文提到的在美国 "there are both men and women in the work force and both men and women at home" 则应该是与前文日本的状况形成对比，如果译成 "在美国，有很多男人和女人都在劳动大军之列，也有都在家里的" 是无法和前文的内容相衔接的，所以译为 "在美国，男女都参加工作，也都从事家务劳动" 更为妥帖。

第三节　英汉语篇连贯的差异及翻译

词语、小句、句群能够在表达中连贯起来，进而组成语篇，那这个语篇的特征就是连贯。如果一个语篇在表达上是连贯的，那么它内在的逻辑结构也会十分顺畅，并能够将所有的概念联系在一起，使得逻辑能够层次分明地联系在一起，时空上的联系也能够更加紧密。连贯是一种逻辑机制，能够将词语和短小的句子联系为一个整体性的语义结构，为了保证交际的成功，翻译工作者在翻译时需要使句子具有连贯性。如果说衔接的目的是在词汇和语法的帮助下，使得语篇以不同的形式联系在一起，那么连贯就是信息接收者在背景信息的支撑下，熟悉逻辑关系，并理解信息产出者传达的信息内容。也就是说，衔接只是语言在基本表达层面上的连接，具有语言交流的基础性特点，但是连贯在信息的排布和安排之下，能够使语篇前后相互照应、相互一致。连贯体现的是句子之间在深层表达上的连贯程度，而句子的表达是否连贯主要取决于语篇内部的结构。但是，衔接和连贯都不是孤立的手段，相反，它们都是帮助信息成功传递的手段，能够将词语、句子连结为语篇，它们是对原文作者和译文作者的思维方式的反映。

翻译工作者从事的翻译工作实际上是原语和译语的交际工作，原语和译语的读者所处的文化背景是不同的，存在较大的区别，所以译语读者如果在理解原语翻译语篇的过程中与自己的认知出现了较大的出入，那么他也不能够准确地理解语篇的内涵。所以翻译工作者在处理翻译的文本时，首先应该明确原文句子的连贯程度，只有原文的句子是连贯的，翻译工作者才能够从一开始便掌握作者的表达思路，然后从译语的表达习惯入手，完善译文的表达结构，使得翻译的文本能够充分反映出作者的真实意图。也就是说翻译的文本和原文在创作的根本理念上应该是一致的，逻辑上应该是流畅的。所以，在实际的翻译过程中，翻译工作者应该对英汉语篇连贯模式的区别有所认知。

第一，在开始翻译之前，应该考虑到英语和汉语在语篇建构过程中存在的最明显的差异。语篇的组织方式实际上是对语言和文化的反映，也能够映射出具体个体的思维模式。所以人们处于不同文化背景中，每个人都有属于自己的对语篇组织方式的理解，语篇组织的效果也是不同的，从而也表现出了不同的连贯方式。在分析不同的语言思维模式时，人们认为英语篇章的组织和发展出现了直线型的结构，但是汉语的结构是螺旋形的。英语的直线型结构指先展开句子的中心思想，然后再对句子进行一层层的分析一层层的推演，并进行单个的拆分，也就是说，前半句的含义决定了句子后半句话的发展。在分析汉语的螺旋形思维模式时，可以借助八股文的“起、承、转、合”相关概念。一开始应该引出相关的话题，然后应该说明主题的基本内容，处理和句子主题无关的成分，到最后点明并升华主题。这一过程的目的是强调主题的重要性，并在之后开展相关的论述，再次强调主题的内容。汉语在日常表达中，习惯多次加深主题，因此，汉语语篇中可以出现一些主题尚未明确的句子。

例 1：她们或许是我们的奶奶，满头银丝，满脸皱纹，世人多用“慈祥”去形容她们，但很少有人能品味皱纹背后那岁月与历史浮过的幽香。她们无须再用铅华刻意雕饰，我却分明看见她和她的老伴共同演出那首动人的歌，《牵手》。

“She is very charming when singing ‘Hand in Hand’ in a duet with her lifelong companion.White haired and wrinkled, she may be one of our grannies, a perfect image of kindness as she is often described."

例 2：眼泪是上苍对一切感情动物的馈赠，爱为心之声，泪因爱而凝，流泪是女人爱的宣泄，情的倾诉，女人流泪时最美。

"A female is most beautiful when she is in tears that reveal her innermost love.Tears are gifts best owed by God to all living things of sensitivity, especially a woman, for they serve as an outlet to her pent up feelings."

在上面两个案例中，分别阐述了"女人什么时候最美"的中心主题。从这两个汉语的原文中，可以很明显地看出汉语的中存在的螺旋形思维模式，这两个例子都没有较为直接地切入主题或者是使用各种方式让主题更为明确。在例 1 中，汉语在描述老人的慈祥状态时，并没有直接描述老人是如何有魅力的，通过对头发和皱纹的外在描写和外部的修饰对"老人最美丽"这一主题进行了描述。但是英语译文在第一句中就使用了"charming"这个词，这是开门见山，首先说明主题，再逐层推进魅力的描述。在例 2 中，汉语原文虽然和英语译文翻译的"女人流泪是最美"主题相同，但是也是到了最后才体现出来的。但是如果在翻译的过程中，翻译工作者不按照英文的直线型表达习惯来表达的话，英文的读者会认为语篇的连贯性存在一定的问题，从而不知道表达的内容应该是什么。

英语和汉语在逻辑的表达上也存在一定的差异，如英语语篇的逻辑层次是显性的，汉语语篇的逻辑是隐性的。但是同样也存在相反的状况，所以在翻译时，应该以语言的逻辑需要为准，妥善安排逻辑关系。

例 3：白杨不是平凡的树。它在西北极为普遍，不被人重视，就跟北方农民相似；它有极强的生命力，磨折不了，压迫不到，也跟北方的农民相似。

"White poplars are no ordinary trees.But these common trees in Northwest China are as much ignored as our peasants in the North. However, like our peasants in the North, they are bursting with vitality and capable of surviving any hardship or oppression."（张培基译）

在汉语原文中，"不平凡—极普遍—不被人重视—极强的生命力"显然是语义上转折关系，但是汉语中并没有用任何显性的连接词来实现连贯。但在英语译文中却加入了这些可以表示转折关系的连接词，运用词汇衔接来实现语篇的显性连贯。

例 4：It has become increasingly clear that the United States must find methods to control inflation, probably the single problem that most worries the average American. President Jimmy Carter noted that inflation is the cruelest tax that anyone can pay. Many people agree with that statement, arguing that the persistent decline in the dollar's purchasing power hurts people directly because products cost more, and also causes a kind of psychological damage. Recent polls have shown that the average American, far from being optimistic, expects prices to rise to ever higher rates.

译文 1：越来越明显的是，美国必须找到控制通货膨胀的方法。也许通货膨胀是一般美国人最担忧的问题。卡特总统曾指出，通货膨胀是每个人付出的最苛刻的捐税。许多人具有同感，认为美元购买力的持续下降，直接损害了人民，因为产品价格提高了，并且给人们造成了一种心理上的创伤。最近进行的民意测验表明，一般美国人远非乐观，预料价格还将上涨更高。

译文 2：越来越明显的是，美国必须找到控制通货膨胀的方法。也许通货膨胀是一般美国人最担忧的问题。卡特总统曾指出，通货膨胀是每个人付出的最苛刻的捐税。许多人具有同感，他们认为美元购买力的持续下降使产品价格提高，不但直接损害了人民的利益，而且给人们造成了一种心理上的创伤。最近进行的民意测验表明，普通美国人远非乐观，预料价格还将上涨更高。

语篇中的逻辑关系都是完整的状态，但是在开展翻译工作时，翻译工作者应该分析并明确原文的逻辑关系，但是译文的顺序是否应该严格按照原文的行文顺序进行是有待研究的。上面例子中的两个译文就对原文进行了逻辑识别，并对译文调整的内容进行了说明。译文 1 中的翻译就存在不通顺的问题。因为此译文只识别出了英语原文中的由 because 引出的显性连贯，而没有识别出，是"the persistent decline in the dollar's purchasing power"导致了"products cost more"，从而又导致了"hurts people directly"和"causes a kind of psychological damage"；也就是"美元的购买力持续降低"导致了"产品价格升高"，从而"使人民直接受害"，并"造成心理上的创伤"。所以在具体的翻译过程中，翻译工作者应该对这种隐性的逻辑顺序进行辨别，这样才有可能翻译出符合逻辑要求的汉语。

在具体的翻译过程之中，应该注意的是信息发出者和信息认知者他们各自的知识结构和认知水平会对语篇的连贯程度造成较大的影响。在读者获取语篇信息的过程中，并不能够简单地依靠对符号的破译，还需要调动起大脑内部的相关信息内容，并积极地参与到语篇的整理和翻译过程之中。

例 5：In one corner of the American economy supply is steadily exceeding demand：garbage production. Americans are churning out rubbish at the rate of 200m tons a year, and that are voting and demonstrating not to have that same rubbish dumped or burnt anywhere near them. An environmentalist, nowadays, is somebody who campaigns against municipal incinerators and landfill dumps.

译文 1：在美国经济的一个角落，供一直大于求，这就是垃圾生产。美国人以每年两亿吨的速度不断生产出垃圾，而且为了不让这些垃圾在任何靠近他们自己的地方倾倒或焚烧掉，他们还老是搞投票表决和示威活动。“今天的美国，任何一个人，只要为了反对建造市政垃圾焚化炉，为反对倾倒垃圾填地而奔走游说，那他就成了一位环保主义者。”

译文 2：在美国经济的一个角落，供一直大于求，这就是垃圾生产。美国人以每年两亿吨的速度不断生产出垃圾，而且为了不让这些垃圾在任何靠近他们自己的地方倾倒或焚烧掉，他们还老是搞投票表决和示威活动。“而所谓的环保主义者无非是那些四处奔走游说，反对建造市政垃圾焚化炉，反对倾倒垃圾填地的人。”

译文 1 和译文 2 的态度取向是存在区别的，译文 1 是中性的，客观地介绍了环保主义者是什么群体；译文 2 则体现出消极的态度。那么哪种翻译的方式是正确的呢？翻译工作者应该对照原文中的具体语境来分析哪种译文能够满足原文的连贯性特征。原文第二句中用了“that are voting and demonstrating not to...”说明了环保活动是一直在开展的状态，但是不能够起到减少垃圾数量的作用，所以在这里表达出了作者不耐烦的态度。所以，在进行汉语翻译时，可以使用“老是”一词，表示这种不耐烦的态度。与此同时，虽然前面部分对环保主义者的做法进行了客观的陈述，但是从后文的表述来看，作者并不认同这些环保主义者的具体做法，所以像译文 1 那样译为“任何一个人，只要为了反对建造市政垃圾焚化炉，为反对倾倒垃圾填地而奔走游说，那他就成了一位环保主义者”，不能体现出作者的负面态度，也不能和下文的表述产生连贯的关系。所以，相比较之下，译文 2 更能够体现出原文中的连贯含义，并能够体现出翻译工作者对语篇的深刻理解。

第五章　英汉修辞的对比与翻译

本章为英汉修辞的对比与翻译，包括英汉修辞方式对比与翻译、英汉文化视角下的比喻修辞格、英汉文化视角下的借代修辞格、英汉文化视角下的委婉语修辞格。

第一节　英汉修辞方式对比与翻译

在之前的学术研究中，学者认为，汉语修辞可以被分为消极修辞和积极修辞两个层面。以下是《辞海》对消极修辞和积极修辞的解释。

消极修辞：修辞两大手法之一。以明确、通顺、稳密为标准。科学、法令等解说文所用的方法属之。

积极修辞：修辞两大手法之一。通过多种不同的表现方式来丰富语言文字的表达，让所表达的内容更加形象化、具体化、有体验感。杜甫在《兵车行》中通过巧妙的修辞手法，描绘了“车辚辚，马萧萧”的景象；各种辞格在修辞学中都属于积极修辞。

通常而言，英语修辞可分为交际修辞和美学修辞两个基本方面。这两个方面等同于汉语修辞学中描述的消极修辞和积极修辞。

交际修辞是一种注重文字表达的修辞，它强调在表达意思时使用准确流畅的文字，同时注重形式结构严谨妥帖。这种修辞强调逻辑性、精准描述和深入分析，并以此有效提升语言交流的效果。

美学修辞不仅强调逻辑思考，在注重根据环境和情境表达不同的含义，运用巧妙的辞格唤起读者的直观联想，让语言更有活力和吸引力，表达效果更加艺术化、感染力强，可以更好地说服人们接受某些观点。

虽然英语和汉语的衍生和进化历程各不相同，但二者都是作为人们交流和沟通的手段而被广泛使用的。人们使用语言工具的主要目的是在交流中获得情感上的共鸣，并希望被他人理解。使用英语或汉语的人会不断探索和提升自己的语言运用能力，逐渐塑造出一种独特的表达方式，通常称之为修辞格。这种表达方式在语言中扮演着重要的角色。

在《韦氏第三版新国际英语大词典》中，对于“figures of speech”的解释是这样的。

Figures of speech are linguistic devices that utilize metaphors or euphemisms to convey a different perspective on a particular thing or concept. Through these expressions, the subject is depicted as having a different identity, shape, or degree from what it actually is, or is perceived to be. The intended meaning or effect is successfully conveyed even though the words used may not be a literal interpretation of the message being conveyed. Examples include “the apple of my eye” and “forever chasing rainbows.”

辞格是一种表达手段，它采用隐喻、委婉语等形式，使所表述的事物或观念在某些方面呈现与实际或表面现象不同的形态、程度或本质。这种表述虽然措辞不同，但表述的意思却有一定相似性，具有特定的预期含义，并会产生特殊的效应，如“掌上明珠”“空中楼阁”等常用典故。

作为一种更加有效的语言表达形式，修辞格通常具备以下三个特点。

第一，为了使表达更加有力，辞格必须充满表现力。

第二，辞格必须呈现一定的规律性，无论是在形式上还是在意义上。例如，比喻、顶真、回文和仿拟这些修辞手法都遵循一定的模式，而夸张和反语虽然没有明确的模式，但它们的意义却具有规律性：前者常常夸大所描述的事物或情况，后者则是表达相反的意思。

第三，措辞必须符合语言美学的规范。在语言美学中，词汇和语法必须同时具备表达能力，并展现形式或意义的规律性。

英语和汉语的构造方式、句法结构、音韵韵律和搭配范围存在差异，因此一些类似的语法结构在被使用的过程中会表现出各自的独特特点。同时，考虑到英语民族和汉语民族的历史、环境、审美观和心理认知等文化不同，两者在表达交流时采用的修辞方式必然存在差异。为深入全面地了解这两种语言的特点，需要对它们的修辞格进行比较和分析。

言语是用来传达思想的，而修辞则是为了让语言更加优美生动。修辞语言可以让文字更生动、形象，并且更加突出，或者让文字更加优美、流畅，这样可以强化文字的表达力量和感染力，唤起读者的丰富想象。英语和汉语属于不同的语系。英语是一种以拼音文字为基础的印欧语系；汉语是一种表意文字，属于汉藏语系。尽管英汉语言在词汇构成、形态变化、句法结构及语序方面存在区别，但若是着眼于修辞现象，人们就会发现英汉语言在修辞手法上有相似之处，同时也有独立的特点。因此，通过比较和分析这两种语言的修辞特点并借鉴其有效元素，可以提升本民族语言的表达能力和交流效果。

修辞现象在语言表达中是一种成功的表现，因为它有效地解决了言语形式和思想内容之间的矛盾。这个矛盾既包括语言表达方式（包括口头语言和书面语言）与所传达的意义之间的冲突，也包括思想表达方式和思想内容之间的矛盾。在特定的语境中，词语的表达方式需要与思想内容相匹配，以处理这种矛盾的情况，使用修辞手法可寻求最恰当的语言表现形式，以达到精准的表达。

以上内容表明，修辞致力于探究如何巧妙运用语言形式，以精确地表达思想和内容。在现代英汉语言中，经典的修辞技巧有：声音的锤炼、意义的锤炼、修辞格、篇章修辞等。

一、英汉修辞方式

（一）声音的锤炼

通过对语句的发声进行提炼和协调，可以达到打磨声音的修辞效果，这是声音锤炼的结果。英语语音一直在使用修辞手段，尽管最初的语音修辞被用于诗歌，但它现在已经超越了诗歌这个范畴。在英语中，有许多不同的语音修辞方式，如音步、格律、停顿、移行、韵脚、半谐音和头韵等。这些修辞手法可以使语言更加生动有趣，但不会改变其原本的意思。英语单词会根据音素来拼写，而汉语则使用象形、指事和会意的方式来表达意思，语音修辞方面，这两种语言存在细微差异，但它们有一些共同点，就像在汉语中使用双声叠韵一样，头韵和半谐音的使用方式也有些相似之处。在古英语诗歌中，头韵曾是一种重要的押韵形式，但是随着以音步为主的诗歌形式的出现，头韵在诗歌韵律中的地位逐渐被取代，成了一种常见的修辞格，在不同的文体中被广泛使用。头韵指在一行诗中，两个或两个以上的词语开头重复出现相同的元音、辅音，或相同的音节。

例如，英语原文："No longer mourn for me when I am dead, Than You shall hear the surly sullen bell, Give warning to the world than I am fled, From this mile world with vilest worms to dwell."

译文：当我死了，在你听到险恶、沉重的钟声向人们宣告，我已经离开这个肮脏的世界，与最肮脏的蠕虫为伍时，不要再为我悲伤。

第一诗行中重复辅音为[m]，第二诗行里重复辅音为[s]，第三、四行重复辅音为[w][v]。

头韵的修辞作用在于增强语言的节奏感，使其富有诗意，形象生动。“He is all in fire and fish.”用了两个“f”表现了一个人怒气冲冲、情绪沸腾的样子。而半谐音是一种不完全的韵脚。诗句末尾押韵的词中只有元音相同，而其后的辅音不同，因而韵脚不完全，如“slumber”“blunder”（其中元音[V]相同）；“same”“came”（其中元音[ei]相同）。乔治·爱略特模仿西班牙民谣写成的“西班牙的吉卜赛人”就是这种半谐音的一个很好例子。

例如：英语原文：“Maiden crowed with Mossy blackness,Lithe as panther forest roaming, Long armed naiad when she dances, On a stream of either floating.”

译文：女郎装饰着光亮的黑色，柔软得像一只在树林中徘徊的豹子，起舞时像一条美人鱼，在苍天的溪流里漂流。

诗中第一行末尾与第三行末尾元音相同（blackness–dances），第二行末尾与第四行末尾元音相同（roaming–floating）。但元音后面的辅音不同。半谐音作为一种修辞手法可使语言具有比较鲜明的节拍。

头韵和半谐音在英语中的使用方式与汉语中的双声叠韵十分相似，然而，在汉语中，双声叠韵并不被视为一种修辞格。英语中的头韵和半谐音能够使语言更富有韵律感，同时也可以模拟音响修辞效果，而双声和叠韵在汉语中只是一种普通的语言修辞手法，但随着时间的推移，汉语的语言形式不断变化，双声和叠韵的应用也可能逐渐演变成一种修辞格。

（二）意义的锤炼

意义的锤炼指的是利用合适、精准和富有弹性的语言表述出文字意思的过程，以便能够准确并生动地传达文本的意义。选用适当的措辞在修辞方面具有至关重要的作用，因为修辞是最有效的语言运用艺术之一，能使语言更好地传达思想和情感。修辞的第一要义是在符合题意的情境中运用，只有在正确表达文义的基础上，它才能取得良好的修辞效果；如果用词不当，就无法准确地表达思想和情感。英语和汉语在选择词汇时都要求选择规范，词义准确，用词恰当，音韵和谐，因此它们具有相似的词汇选用标准。然而，英语和汉语在个别词汇的修辞手法上，却有独到的表现方式。英语中有许多富有修辞特色的词汇；汉语中包含了各式各样的词汇，包括古词语、书面语、外来语、口语、俚语等，这些不同种类的词汇在汉语中都有其独特的运用场景。“古词语”“书面语”旨在彰显一种庄重、严谨的氛围，而俚语、方言等则更富有生动活泼的感觉，表达能力更加强烈。古词语与现代词语之间存在巨大的差异，因为英语是一种表音文字，现今很少有人使用英语古词语，它们已经退出了日常用语的舞台；与之相反的是，汉语保留了许多古词语，这些词汇在现代汉语中仍然具有重要的功能。除此之外，人们经常在日常交流和书面材料中使用汉语古词语，以实现简洁明了的表达。古词语在英语文学中常出现在诗歌、小说及新闻报道等文体作品中，其作用是增强文章的庄重感和生动性。因此，从修饰语言的角度来看，古词语是一种表现手段，用于在语言中产生一定的修辞效果。[①] 在英语中，还有一种特殊的语言修辞语词叫作应变词。应变词是根据词根和构词要素的组合，在不违背英语语法规则的前提下，自由创造出来的新词。作家可以根据需要和语言环境，创造出不同的应变词，以达到更好的表达和情感传递效果。通过运用“humanity”（人性）的词缀和形成，可以创造出一个新的词语“womanity”（女性），具体含义类似于“womankind”或“womanhood”（女性）。某些文学家巧妙地使用应变词也能栩栩如生地描绘事物，令人惊叹无比。常见的词语构造方式之一是转成法，它指的是根据语境需要将一个名词或其他词性的词转变为动词的用法，类似于古代汉语中名词变为动词的活用方式，但它并非属于修辞技巧。

（三）修辞格

修辞格是修辞方式至关重要的组成成分。英语和汉语修辞格均被划分为两种类型：意义上的修辞格和结构上的修辞格。英汉修辞格在展现不同的风格方面各自有独特的特点。

1. 比喻

英语比喻分“simile”和“metaphor”两种。英语“simile”与汉语的明喻的基本格式一样，都是“甲事物像乙事物”，并且本体、喻体、比喻词都出现，英语常用的比喻词有：“as”（如），“like”（像），“seem”（看起来，好像），“as if”（似乎），“as though”（仿佛），“such as”（像……一样），等等，有时候还可以用“than”来进一步强调和夸张。此外，在英语中，除了使用比喻词汇外，还有一种表达方式叫做“虚拟条件句”，可以用来表达比喻的含义，如“Had he fallen

① 肖莉．跨文化交际中的华语偏误分析[J]．修辞学习，1997（5）：6–8.

inward on the floor, he must have measured to the full wall."(假如他向内倒地横陈，他的长度定与整个房间相等)。这句话使用了虚拟条件句的形式，其中的比喻关系十分明显，这在汉语明喻中是不常见的。

"metaphor"（隐喻）通常不直接说明文字内容，而是通过对某物的暗示或比拟来进行表达。英语中的隐喻还可以采用不同的格式和语法结构，既可以使用单词也可以使用词组，而且常常具有丰富多样的表达方式和句式变化，远不止汉语中的比喻表达。例如，"The thought was fire in him."(这种想法是他胸中一团烈火）属表语隐喻；"He knew how to work and the citadels would go down before him."(他懂得怎么干活，就是城堡也会在他面前倒塌下去）这是个借喻，比喻天大的困难也会克服。

2.借代

英语"metonymy"（借代）指不直接说出事物的本名，而换用另一名称或另一说法，大体相当于汉语借代，但分类上略有出入。

常见的"metonymy"示例有以下几种。第一种是用容器来代表其中的内容，如用大厅借代观众，"The had applauded"。第二种是采用显著标志替代原本的对象，如用蓝色的眼睛代表人物，"Those blue eyes walk into the office"。第三种是使用代表性物品来代替与之相关的事物，如使用"皇冠"代表王权、用"The camp"（兵营）代替军队。第四种是将手动操作转为工具操作，如用"笔"来替代"手写文章"。第五种是使用作者的名称来指代其作品，如用"莎士比亚"来代替他的作品。以上五个场景与汉语中的象征性借代现象相似，后两种表达方式可以转换为修辞格，可以说它们是以喻的方式表达，即运用一种充满特点的事物来替代同类事物。用聪明机智的动物来描述狡猾的人或物，如以"狼"（wolf）来形容凶恶的人或物；利用具象化手法，将抽象概念转化为具体的形象来表达，如将"压力"描述为"Take a deep breath pressed against your chest"，将"困难"描述为"Climb steep peaks"，能够使语言更加生动形象，更加深入人心。从所表达的意思来看，英语中的借代词使用范围似乎比汉语更广泛。

3.拟人

"personification"（拟人）指用类似人的特质，如动词、形容词、名词或代词等来描述非人类的物体，赋予它们类似人的特征，使之具有生命力。这也涉及赋予非人类物体类似人类的品质。还有一种称为"aportrople"（呼语）的语言形式是直接和物品对话，就好像它们是人一样，而在汉语中，这种形式则被称为"呼告”，如“马儿呦，请你慢些地走”，这样看，英汉的拟人表达方式在意思上并没有太大差异。

4. 夸张

像“夸张”一样，英文单词“hyperbole”指借用夸张的手法来表达作者或演讲者强烈的情感，以期达到强烈印象的效果，但并不会改变文本本身的含义，如“It is terribly cold today.”（天冷得吓死人）。值得注意的是，汉语中的三、九、十、百、千、万等数字都表数量大、程度深，如“十万火急”等，在英中的例子是“I have told you fifty times.”（我对你说过无数次了）这种说法与汉语的说法没什么差别。

5. 委婉

汉语中的委婉表达可以分为两种，一种是婉转表达，另一种是避讳表达。与英语中的“innuendo”（暗示、影射）和“euphemism”（委婉语）相对应。“Innuendo”通常采用拐弯抹角、委婉曲折的方式，以增添语言的幽默和生动性，或通过旁敲侧击、含蓄隐晦的方式表达意思，如“待在日本三天后会感受到脊梁骨变得柔软和灵活”，这段文字通过幽默的方式暗示了日本人经常行鞠躬礼。

使用“委婉语”可以达到缓和一些词语或概念带来的负面情绪的效果，进而使语言更为委婉、流畅，如“And it being low water, he went outwith the tide.”（他随着潮水出去了就是指“他死了”）。除此之外还有一些其他的说法，如“be with God, enter a better world”（与上帝同在，进入更美好的世界）“to pass away”（消逝）“to pass on”（归西）等。汉语有许多避讳表达方法，特别是避免直接使用“死”字的表达方法，如“驾鹤西去”“年事已高”“与世长辞”“作古”等。汉语的避讳语较为广泛，这可能与不同民族的伦理观念有所不同有关，如封建时期帝王的名字，为了不冒犯帝王，人们会使用避讳语。

二、英汉修辞在翻译应用方面的基本原则及方法

英语和汉语在修辞形式上具有相似但又不完全相同的特点。正确理解英汉两种语言的修辞格式的相似与差异，能够帮助翻译工作者把握原文修辞手法，确保在翻译过程中准确运用修辞手法，以尽量地忠实地表达原文的思想和风格。在翻译英语修辞格时，可以依据以下基本原则和方法。

（一）直译法

直译法是一种既能保留英语习语的隐喻、意象、文化和地域特色，又能避免

违背译文的语言规约和产生误导性联想的翻译技巧。有时，尽管一些英文比喻或形象可能对汉语读者来说较难理解，但由于具有强烈的政治意义或明显的西方民族、地区、历史等特点，因此可以保留原文表达方式的直接翻译，以保持原意不变。虽然英汉文化有所差异，但人们都同处于这个星球上，对于很多事情的看法基本上是相同的。逐字翻译是一种可行的技巧，可以在保持原文意义不变的情况下，将英语和汉语中常用的修辞手法如“比喻、隐喻、转喻、拟人、夸张”等进行对应转换，可以用与原文意思相符的措辞和修辞形式。如下文所示。

① Life is lie a box of chocolate, you never know what you are going to get.(metaphor) 生活就像一盒巧克力，你不知道你将尝到什么口味的。(隐喻)

② Sometimes the pen may be mightier than the sword. (metonymy) 有时文人比武士更有力量。(接待)

③ His present hunger awoke and gnawed at him. (personification) . 当前他肚子里的饥饿又苏醒过来，撕咬着他。(拟人)

④ His voice is loud enough to wake the dead. (hyperbole) 他的声音大得足够把死人惊醒。(夸张)

⑤ The old man joined his majority last years. (euphemism) 那个老人去年就去世了。(委婉语)

（二）意译法

意译指译者在遇到所翻译语言与原语言文化差异的限制时，不能简单地逐字逐句地翻译原文，而是要利用一些汉语表达方式进行翻译，以保持相近的语义意义和语言功效。当原文的思想内容与译文的表达方式不相符且直接翻译不合适时，翻译工作者需使用意译技巧来处理。由于汉语民族和英语民族生活在不同的地方、处在不同的环境、持有不同的信仰、拥有不同的风俗习惯和表达方式，因此他们对于同一个事物的看法往往不同，如果只使用字面翻译的修辞手法，就难以精准地呈现原文想要表达的意思。因此，可能会使译文读者产生误解，进而导致翻译的不成功。翻译工作应该根据原文的实际含义而非字面意义进行，翻译工作者可以采用意译法以确切传达原文的思想和精髓。

1. 代换修辞格

在英汉修辞语言中，有些词的比喻意义可能不同，但它们的文化内涵和交际意义是相似或相近的。为了使译文与原文不相上下，翻译工作者可以通过代换的方法来克服语言难题。在文学语境中，这种运用修辞手法的语言形式数不胜数。

考虑到文化差异，为了实现传神传意的效果，翻译工作者需要针对各民族文化特色，运用替换原修辞格的技巧，以达到形式不尽相同但意境相似的最佳效果。这种修辞手法包括头韵及矛盾修辞等。在英语中常用而汉语中不常用的修辞手法有很多，翻译工作者在翻译时可能无法找到与之相对应的修辞方式，因此不能简单地照搬原文。

英语中的头韵在汉语中并不存在。因而，在翻译时必要时也应尝试采用其他汉语修辞手法，以适应具体情境的需求。如下所示。

① He is all fire and fight. 他怒气冲冲，来势汹汹。

② From their slopes flow streams feeding the oases strung along the rim of in land deserts. 条条溪水，潺潺而下，滋润着镶嵌于内陆沙漠边缘的片片绿洲。

以上两个句子采用英语的头韵修辞法，译为汉语时分别改为汉语对偶、汉语叠词、象声词等修辞法，这样比较符合汉语的使用习惯。

① To Pledger, after three years of walking and waiting, it felt good to be back at his trade again. 对于普莱杰尔来说，经过3年的东奔西走，朝夕盼望，现在又回来干自己的老本行，真是好极了。

"walking and waiting"翻译成"东奔西走，朝夕盼望"，恰到好处。

此外，英语中还存在大量矛盾修辞，即两个意思互相矛盾或互相排斥的词语紧密地联结在一起，组成句子，描述一个事物或表达一种思想或说明一个道理。这种修辞格在翻译成汉语时也需要进行修辞格代换。如下文所示。

① Speaking silence, Dumb confession. 千言万语的静默，默默无声地坦白。

② A being darkly wise and rudely great. 愚昧的聪明，拙劣的伟大。

将以上两句采用英语矛盾修辞的句子译为汉语时改为排比修辞，经过这样处理，句子的感染力顿时增强。

① a living death 半死不活（直译：活着的死）。

② sweet sorrow 忧喜参半（直译：甜蜜的悲伤）。

③ proud humility 不卑不亢（直译：骄傲的谦卑）。

这种修辞手法在汉语中不常见。在很多情况下，英译中必须精心斟酌、巧妙处理，不能只照搬英文原文的字面含义和语法结构，而需结合上下文，灵活转化，以确保汉语译文的通畅流畅，符合汉语表达习惯。

2. 转换比喻形象

翻译工作者在翻译英语修辞句子时，需要注意的一个问题是有时需要重新构思语篇隐喻的形象，这是因为通常情况下，句子的表达方式具有隐喻含义，能够引起读者的联想，但这种隐喻和联想是受到各民族特有的现实环境和社会状态影响的。因为民族文化存在差异，所以同样的概念会在英语和汉语中被比喻成不同的物品，而同样的物品也会在英汉民族中引发不同的联想。

英国人经常使用“like mushroom”来形容事物的快速增长和蓬勃发展。因为地理限制，英国无法生产竹子，甚至“bamboo”这个词也是外来语，因此，用竹笋作为喻体在英国是不可行的。通过使用这种比喻的转化方式，可以达到不改变原意的情况下重构表达，使翻译更加地贴切自然。“as stubborn as a mule”犟得像头牛，这个比喻将用于比喻的“mule”（骡子）替换为“牛”，通过观察汉字“犟”可以发现，在中国人的观念中，牛代表着固执顽固，而不是骡子。

这种转化屡见不鲜，充分展示了英汉文化相互融合的奇妙之处。

as majestic as a lien(虎虎生威)；in lie a lion,out lie a lamb(虎头蛇尾)。

drink lie a fish（牛饮）；like a duck to water（如鱼得水）；like a drowned rat（像落汤鸡）。

3. 增译引申法

当要翻译的英文句子中出现修辞方法时，翻译工作者通常需要通过引申词义的方式来保持语义的连贯性，有时候会直接按照句子的字面意思和语法结构来翻译，这样的译文会令人感到不自然，可能还会让人无法理解。为了让文章更加易于理解，翻译工作者应当注意选择恰当的词汇并适当运用引申义，必要时也应增加一些词汇以更加准确地传达原意，如“班门弄斧”译为“to show off one's proficiency with the axe before Lu Ban, the master carpenter”，其中“Lu Ban, the master carpenter”属于增译文字。尽管鲁班在中国被视为技艺高超的代表人物，但英语读者对他并不了解；如“Then Lieutenant Grub launched the old recruiting routine”“See, save and serve！”于是，格拉布上尉开始说起招兵的老一套了：“见见世面，攒点钱，为国家出点力！”此例主要修辞手法体现在“See, save and serve！”上，当不及物动词被使用时，其所涉及的宾语通常被省略了，因此在翻译成汉语时需要明确表示宾语，为了更准确地表达原意，翻译版本中增加了“世面”“钱”“国家”三个词语。尽管这些词语在原文中可能没有出现，但它们能够表达深层次的意思。通过增添措辞，可以更加准确地传达原文的思想和情感，但不会引入新的意义。在英汉互译中，翻译工作者常用增译引申法来处理英语修辞手法，这是一种常见的方法。如下文所示。

① Every life has its roses and thorns. 每个人的生活都有甜有苦。

这里把“roses”（玫瑰）和“thorns”（刺）两个具体形象引申为两个形象所代表的属性：“甜”和“苦”，这样使得译文一目了然，简单易懂。

② He swallowed his pride and a cough lozenge. 他克制住傲慢心情才吞下咳嗽糖片。

此例中动词“swallow”与“cough lozenge”搭配时取字面意思“吞下咳嗽糖片”，与“his pride”搭配时取引申或词义转移之意“克制住傲慢心情”。

总之，英汉修辞格是在特定的文化和历史背景下发展和演变的。它们是文化不可或缺的一部分，同时也表现出独特的相似性和差异性。

第二节　英汉文化视角下的比喻修辞格

比喻是一种广泛运用于世界各民族语言中的修辞手法，是历史悠久且备受学者关注的辞格之一。

一、传统修辞学中的比喻构成

比喻，也叫作譬喻，是指用一个类似的事物或情境来描述另一个不同的事物或情境的手法。这种手法可以将抽象的概念或情感通过具体生动的方式传达给读者，使得文章更具有生动性和形象感。换句话说，比喻利用一个与所表达的对象有某种相似之处的不同对象来描述所表达对象。

从前面的定义来看，若要形成比喻，就必须涉及以下两个要素：一是需要有要表现的事物及与之对应的另一个事物；二是需要找到它们之间的相似点。就其构成而言，比喻由本体、喻体及比喻词组成。

英语比喻的基本结构和汉语比喻大体相同。英国著名学者里查兹把“figures of comparison”（比喻）分为两个重要部分：一个是“the tenor，i.e.the idea being expressed or the subject of the comparison”；另一个是“the vehicle，i.e.the image of which this idea is conveyed or the subject communicated”。实际上，“the tenor”相当于所说的“本体”，“the vehicle”相当于汉语所说的“喻体”。

根据本体、喻体和比喻词三个成分的隐现，一般来说比喻可以分为明喻和隐喻两大类。

（一）明喻的构成

明喻是一种修辞技巧，在汉语中表现为同时描写本体、喻体，并使用比喻词进行比较的手法。这种表达方式通常由一个本体和一个比喻体及比喻词组成。用于比喻的常见词语包括类似于、类比、以…为象征、把……比做、以……作比、把……喻为、类同于、相当于、仿佛、好似等。如下文所示。

秋风像撒野的妇人的手，急剧地拍打行寺院的红墙；小河如同闷坏了的孩子喧闹着，要到广阔的野地去游荡。

在英语中，与明喻相对应的辞格称为“simile”，它也是英语当中运用最为广泛的修辞格之一。“simile”一词源自拉丁语“similis”，意思是“像”，“如同……一样”。在“A Dictionary of Literary Terms”，即《文学用语词典》一书中，对于“simile”的解释是这样的。

“Simile is a literary device that compares two things using like or as. This comparison helps to create a stronger image in the reader’s mind by clarifying and enhancing the description. Unlike a metaphor, similes make the comparison explicit rather than implicit.”

这项定义的描述同时传达了权威性和广泛适用性，用以明确比喻表述的范围。在探讨修辞手法时，很多的书籍和文章在讲解明喻时，所述内容没有超出明喻这一手法包含的基本概念。在形式上，英文中的“simile”和汉语中的明喻是完全一致的，比较常见的比喻词有“like”“as”“as if”“as it were”“be comparable to”“similar to”“be analogous to”“be something of”等。

例如，英语原文：“I was like a pianist studying a piece of music, phrase by phrase, rehearsing it, trying to discover an recreate exactly what the composer was trying to convey.”

译文：我像一个钢琴师，首先一个乐句一个乐句地心领神会乐曲的佳妙，接着操练一番，尽可能想把作曲家要表达的思想感情挖掘出来，并且惟妙惟肖地使它重新再现。

以上简略说明了在英语和汉语中使用明喻的基本模式。明喻能够让表述更加生动、具体，并增强表达的效果。

（二）隐喻的构成

汉语中的隐喻，也被称为暗喻。它不直接以比喻的形式应表达，而采用实际描述的方式来传递含义。隐喻是一种表达形式，其中本体和喻体被同时呈现，但并未使用任何明显的比喻词汇。在汉语中使用隐喻时，通常使用“是”“做”“作为”“变为”“变成”等来表达比较和联系本体和喻体的关系，这些词被一些修辞学著作归类为“暗喻”比喻词，然而它们并未真正充当比喻的角色。一般而言，隐喻的表达方式是“甲（本体）是乙（喻体）”。

在英语中，“metaphor”也是一种常见的修辞手法。它源于希腊语“metapherein”一词，其意义为“carrying from one place to another”。《韦氏第三版新国际英语词典》对于metaphor定义是“a figure of speech containing an implied comparison，in which a word or phrase ordinarily and primarily used of one thing is applied to another”。这个定义解释了“metaphor”是一种通过隐喻进行表达的修辞手法，其一般和基本用法是使用描述一种事物的词汇或短语来比喻另一种事物，而不是直接表达。一些修辞学家将其描述为“缩写的比喻”。

例如，英语原文：“Happiness is like sunshine：it is made up of very little beams.”

译文：幸福就像阳光，它是由很小的光束组成的。

例如，英语原文：“The sunshine of life is made up of very little beams.”

译文：生命的阳光是由极小的光束组成的。

第一句是个明喻，即“simile”；第二句是“metaphor”，即暗喻。这两个例子将两者的异同点清楚地显现了出来。

以上对隐喻辞格的描述表明，相比于明喻，隐喻的本体与喻体之间的联系更加紧密。在形式上，明喻使用了“as”“like”等比喻词，而隐喻则使用了“be”这类动词，这种差别在形式上能明显表现出来。

二、作为思维方式与认知手段的隐喻

这里所说的隐喻并非传统意义上的修辞手法，而是一种人类思维和认知方式，它不是止于表面的修辞手法，而是一种深层次的识别和推理方式。

在20世纪80年代初期，美国语言学家莱考夫和美国哲学家约翰逊在他们的书籍《我们赖以生存的隐喻》中提出了一种新理论，即“隐喻概念体系”。他们认为，“隐喻”不仅是语言的一种形式，更是人类思维和行为方式的一种体现。这个理论近年来被人们广泛接受，并对认知科学和语言学领域产生了深远的影响。该理论先前提出，人类的概念系统建立在隐喻的基础上，这意味着隐喻在概念形成中扮演着重要的角色。另外，主张隐喻就意味着将某个领域的概念通过映射到另一个领域来进行表达，且隐喻映射的适用范围因语言、文化和语境而异，有些是普遍适用的，有些仅存在于某些语言中，还有一些只属于特定的文化背景。

例如，因为“一页纸”（a sheet of paper）和“一片树叶”（a leaf）之间有很多相似之处，所以人们开始用“树叶”来比喻“书页”。这个比喻里，包含了“一页纸”和“一片树叶”这两个领域的概念，它们之间有相似之处，因此用“薄”来把它们联系起来。

不同民族的文化影响会在传统的辞格和概念隐喻体系中展现出来，从而体现出各自鲜明的民族文化特色。接下来，笔者将研究文化因素对英汉比喻修辞格的发展和应用造成的影响。

三、文化因素对英汉比喻修辞格的影响

（一）文化因素对比喻修辞格喻体选择的影响

各个民族的进步和促使进步的方式，不是由个人的意愿决定的，而是取决于特定的客观条件。超越个体和时间的力量是导致人类文明差异的根本原因，它在人类诞生之前就已经存在，并且是最基础的原因。根据黑格尔的理论，民族精神的形成与地理条件密切相关。中国是一个以内陆为主要特征的国家，中华民族从古至今一直以农业为主要产业，因此又被誉为黄色内陆农业文明；由于我国人民的生产和经济活动主要以土地为基础，因此我国人民更倾向于使用与陆地有关的隐喻和比喻来表达想法。自古以来，中国人就利用牛来开垦土地和耕作，因此牛在中国的农业生产中发挥着不可或缺的作用。英国被大海所环绕，它的航海业长期处于优势地位，他们的经济中渔业、造船业和海运业的比重非常大。因此，他们的语言表达往往与海上有关的事物息息相关。例如，当形容某个人酒量很大时，就会以牛做喻体，由此引申而来“牛饮”；与此相反的是，英语中通常用“to drink like a fish”来表达这个意思，这个表达方式源于英国人的祖先观察到鱼在水中时张嘴动口的动作，他们误以为鱼是在喝水；这两种看法表明了地理文化对于喻体选择的影响。

除此之外，中国与英国在农业生产方面也存在差异，英国人利用马匹来进行农作，而中国则不同。因此，英语和汉语在运用比喻时，分别采用马和牛作为喻体来传达相似的意义。如下文所示。

①健壮如牛—as strong as a horse。

②像老黄牛一样干活—to work like a horse。

③俯首甘为孺子牛—as sincere as a willing horse。

另外，比喻中“东风”与“西风”的隐喻意义也展示了地理和文化背景对于比喻的影响。中国向东邻大海，西部则靠山环抱，因此出现了“东风送暖”和“西风萧瑟”，在中国文化中，人们常用“东风报春”“东风压倒西风”（表示正义的革命力量对反动势力占压倒性的优势）；相反的是，英国位于大西洋的西岸，而面向东方则是欧洲大陆，大西洋的温暖西风吹拂而至，就像中国的东风一般温暖怡人，在《西风颂》这首著名诗篇中，雪莱表达了他对未来美好前景的向往和幻想，“Oh，wind，if winter comes，can spring be far behind？”这是因为英语和汉语使用者生活的环境不同，导致对于“东风”和“西风”这两个词的意思理解相反，进而形成了完全不同的隐喻表达方式，反映了各自的文化背景。

作品文学风格的不同也会对喻体的选取产生影响。虽然在汉语和英语中，用于比喻恩将仇报的人的词汇不同，分别为“中山狼”和“snake”（蛇），但它们所传达的含义是相似的。

例如，汉语原文：子系中山狼，得志便猖狂。

译文：“To put the snake in your bosom is just like to forgive your enemy.”

前者可以追溯到古代中国广为流传的寓言故事《东郭先生与狼》。在战国时期，赵简子在山林中打猎时，他用箭射中了一只中山狼；一只狼跑到东郭先生家门口，东郭先生决定将狼藏起来，待猎人离开后再将其释放；但狼却企图吃掉东郭，幸好有路人及时施救才得以保全生命。另一个故事源自《伊索寓言》，讲述一条蛇因寒冷而身体僵硬、濒死，被一个农夫发现并将其抱在怀里使之重获活力。当蛇醒来的时候，它咬死了农夫。

宗教文化在人类文化中扮演着重要的角色，它对人们的行为规范产生了深刻的影响。英汉两个文化群体的隐喻概念的映射会受到宗教文化背景的影响。

从原始社会开始，人类就开始了宗教这种社会现象的实践，在那个时代，人们相信自然界对他们的支配来自一种无形的超自然力量，这股力量拥有神性的特质，是古代人类幻想的结晶，蕴含着他们的愿景和追求。远古时期的人类探索了与超自然力量和解的方式，以期能够驾驭自然，这便是宗教的萌芽。

宗教信仰是一种文化现象，其根源在于一定民族的宗教观念和社会信仰。通常情况下，宗教由神论观念、教义经典和教职制度构成。其中，神论观念为宗教的世界观部分，教义经典体现了宗教的传统并保证宗教延续，而教职制度则反映出宗教的社会结构。这三个要素紧密相连，不可或缺。

基督教在使用英语的国家占据主导地位，且其信仰的核心是《圣经》。在西方宗教中，一元论的理念一直被广泛应用。帕斯卡尔曾指出，那些离开耶稣基督去探寻上帝的人，如果仅仅局限于自然界，可能无法寻找到令他们满意的真正启示，或者他们可能会选择一种不需要媒介的方式来认识和侍奉上帝。除此之外，他们要么被迫接受无神论，要么陷入了自然论，而这两种立场在基督教信仰中都受到了强烈的反对。

中国人有不同的宗教信仰。中国宗教具有“包容性”，这一观点在国际学术界得到广泛认可。中国的宗教包容性使得佛教和道教两个教派能够并存。

宗教信仰与比喻修辞的结合，如用来比喻“虚情假意”，英语会用“Why ask the bishop when the Pope's around？”来表达（bishop 指主教，Pope 是教皇）；而汉语则会说“前儿就是佛，何必远烧香”。尽管这两个例子都涉及人们对宗教活动的参与，但它们选择了不同的宗教人物来进行描述。在英语和汉语中，用不同的宗教形象来影射人们的虚伪行为，但其目的和表达方式相同；在英语中，人们选择以“bishop”（主教）和“Pope”（教皇）作为代表性的宗教人物，而在汉语中则选择“佛”这一形象来表达相关的概念。汉语中有表达对佛教信仰的词语，如“佛光普照”“佛法无边”；英语中则用“touch wood”来表示避免带来霉运和不幸的说话或行为，这可能与早期基督教徒崇敬木制十字架的宗教习俗有关，人们常常会轻触木制的十字架，以期寻求内心的平静。这些例子表明，宗教文化对隐喻概念体系构建有所贡献。

语言与人类的认知思维密切关联，因此，运用语言时必须考虑到人类的心理和文化背景。心理文化，也被称为意识文化或观念文化，是指由不同民族传承的观念和心理模式构成的文化现象，这些因素会深刻地影响人们使用的修辞格。

认知是人类心理学中的一个概念，它描述了人们在接收、处理、储存和利用信息方面表现出来的能力和过程。比喻修辞格的认知框架依赖于联想机制，而联想可以通过空间和方向，以理性或感性的方式进行。英汉语言使用者的身体构造相似，因此他们使用的词汇和语法结构往往相似；但由于英汉语言使用者所处文化背景不同，生活习惯不同，审美观点不同，使用英汉两种语言的人在认知层面会有所区别，因此在表达方式上也会呈现出各自独特的特点。换句话说，就是对于同一事物，英汉民族可能会侧重不同方面，从而产生不同的表达方式。

在美学史上，有学者提出了“移情说”这一理论，以说明人们对对象产生强烈情感和共鸣，进而体验自我肯定和确认的心理现象。通过与对象进行情感交流，人类将主观感受转化为客观的生命活动的表现，这种转化呈现出美的感觉，就像中国古代诗人渴望的物我交融、物我合一的状态。例如，不同的文化背景会影响对待狗这种动物的态度和情感反应。在东方文化中，狗具有负面的象征意义，因此人们会用与狗相关的不雅词汇来表达他们对某些事物的厌恶情绪。在西方文化中，友情、真挚和坚贞是人所追求的理想，而狗则满足了这些需求，为人们带来了愉悦和精神上的满足。因此，在西方文化中，狗被赋予了积极的形象，与之相关的词汇也更多地带有褒义或中性的含义。这表明，即使是相同的概念或形象，从不同的观察角度来看，得出的映射结果也会有所不同。

不同民族间存在的生态文化也会对人们的心理文化产生影响，这是由于它们的差异性所导致的。戴维·霍克斯在翻译《红楼梦》时将中文中的“鸳鸯”译为英文中的“爱情鸟”（love bird）。这是由于“鸳鸯”只分布在亚洲地区，因此英美地区的人们很难观察到它们，也很难将它们与爱情联系起来。据传在英国有一种叫长尾小鹦鹉（parakeet）的鸟，如果它的伴侣离世，那么它就会感到忧伤，身体逐渐变得虚弱并最终离世。因此，这类鸟被称之为“爱情鸟”。汉语民族和英语民族在对待这两种鸟的文化心理上几乎一致，但他们在表达爱情时采用了不同的隐喻。

可以得出结论，比喻修辞格中喻体词汇的选择对于展示不同民族文化的特色和风貌产生了深远的影响。

（二）文化因素对英汉比喻辞格理论发展的影响

在汉语和英语中，比喻修辞格的发展大致可以分为古典时期和现代时期。古典时期在 20 世纪之前，而现代时期则在 20 世纪之后。虽然英汉比喻修辞格的理论在不断发展演进的过程中出现了许多相似之处，但同时也存在着独具特色的地方。一般情况下，英汉语言可以通过比较异同来相互学习，吸取优点并弥补不足。下文将研究英汉比喻辞格理论发展过程中涉及的文化因素对其产生的影响。

1. 汉语比喻理论发展中的文化轨迹

尽管修辞格在中国发展历史悠久，但其在漫长的发展过程中却没有形成一脉相承的体系。

中国的比喻理论得到了两个方面的深入研究，一方面是通过诸子散文的阐述，从游说和论辩的角度说明了比喻的应用方法；另一方面是一种比喻理论，是通过对《诗经》的解读得出的。前一个表达重视比喻的阐释性质，而后一个则强调比喻的感情表达作用；然而，它们的提出并非出于探究比喻修辞格的目的。

虽然中国学者的比喻修辞格研究理论是零散的、不够有系统性，但不可否认的是他们的研究对于先秦至 20 世纪初的比喻辞格理论研究具有重要影响，并构成了这一领域的主体。这些奠定了中国现代比喻辞格理论化的基石。

现代中国的比喻理论综合了西方和传统中国的比喻理论，创造性地发展出了一种独特的理论路径。现代汉语修辞学是一门独立学科，其理论框架借鉴了西方理论一框架。一般来说，西方修辞学倾向于强调用词和语句的形式及其分类，采用系统性的方法进行研究。就探讨隐喻修辞而言，东方修辞学同样如此。

中国的比喻修辞格研究理论发展已经逐渐系统化，先前的研究学者为这个领域做出了极其重要的贡献。现代学者之所以能够研究比喻修辞格，是因为古代和西方的理论可以被继承、发展的，《修辞学发凡》等著作的出现表明比喻修辞法研究已经独立、系统化，并拥有自己的理论体系，这是中国现代比喻理论研究与以往不同的地方。

2. 英语比喻理论发展的文化轨迹

在古典时期，西方的比喻理论一直受到亚里士多德思想影响，作为修辞学风格论的一部分，其发展缓慢且新的理论不多见。在古罗马时期，比喻理论仅仅是基于亚里士多德的思想重新进行了一些分类和定义，且其研究范围较为有限。在古典时期，英语比喻理论强调修辞学学科的影响，学者对比喻修辞法研究的重点放在影响听众和实现说服的效果上。因此，比喻的作用、使用方式及创造方法都旨在感染听众、产生更强的说服力。这样一来，比喻研究似乎已经变得过于抽象化，只注重形式而忽略了实质内容，这股潮流一直持续到 19 世纪末，直至消逝。

随着 20 世纪的来临，比喻理论的探究有了新的发展。学者通过跨越学科边界、改变研究角度的方式，将哲学、心理学、认知科学、人类学等领域的理论成果融合在比喻研究中，不断开拓和拓展新的知识和观点。其中，最显著的成就来自隐喻研究。这些学者的研究不仅跨越了西方古典修辞学的限制，而且越发深入，取得了从单一化到多元化的进展。

3. 英汉比喻理论差异的文化成因

所有学术研究都是在特定社会下进行的，且都与该社会的文化因素密不可分，它们的涌现、演进和消亡都服从自然法则，同时也受到特定民族文化及心态的影响。英汉比喻理论的形成和发展受到两大文化因素的影响：一个是不同社会的历史背景，另一个是不同民族所具有的思维方式。

之前谈到中国比喻理论的发展有两个主要来源：诸子散文中游说辩论及对《诗经》的解读，这与中国当时的社会背景密切相关。

中国古代的比喻理论实质上是为了适应当时社会中辩论的需求而产生的。在那个时候，人们要么争取让自己的政治信仰得到更广泛的认同，如儒、墨、法、道等学派；要么追求晋升或者生计方面的出路，如纵横等学派。无论身处何种情形，对于处于当时社会的人来说，掌握论辩的技艺都是必不可少的，他们强调实用性和功利性，但没有深入探索一套完整的理论框架来推动论辩技巧的发展。古代哲学家常用比喻来阐述思想，因此，讨论比喻也常从实际应用的角度开始，强调不拘泥于表面形式，重视实际效果。

关于《诗经》的诠释，也存在类似的原因。历史上的人，特别是贵族在进行外交活动时，将《诗经》作为引语已经变得相当普遍。这种做法可以使语言更加优美，可以使人更加含蓄的传递信息。因此，在当时要想成为知识分子，就必须学习《诗经》并运用其中的比喻手法来表达观点。由此看来，人们往往只是为了获得理解去尝试解释事物，而缺乏具备系统性理论基础的深度研究。

虽然早期西方的比喻理论因为辩论的需要而得到了发展，但是随着对亚里士多德思想的深入研究，比喻理论渐渐演变成了一门独立的学科，不再有着显著的实用性目标。这是因为亚里士多德所处的时代和环境与诸子百家大不相同，由于亚里士多德生来出身显赫，所以他选择成为一名教师和学者并非为谋求生计，也无需透过辩论和演讲争取政治声望；亚里士多德花费了大量时间在学院中学习，专注于学术研究，逐渐发展出了系统的修辞学理论，从而为他探索比喻理论提供了更坚实的基础。

英汉比喻理论的研究发展历程与当时研究学者所处的社会历史脉络密不可分。在 19 世纪中叶，西方列强通过武力手段强迫中国开放了国门，当中国人从沉睡中苏醒时，他们发现自己国家已经被其他国家所超越，为了避免国家陷入毁灭的命运，应当学习并吸收西方先进的科学技术、文化和理念。在当前社会环境下，中国借鉴了西方古典修辞学的理论，发展出了独具特色的现代修辞学架构，并且还自主探究了比喻理论。

人类的认知过程是一个不断寻求新问题并积累新知识的过程，必须在不断探索未知的过程中得到答案。英国人和中国人的思维方式是有区别的，就比较而言，西方文化更倾向于使用演绎推理，而中国文化更倾向于运用类比的方式。另外，西方人常使用分析和推理作为思维手段，以深入探究事物本质为主导；在解决问题时，习惯进行深入的思辨和理性讨论，而不是仅凭直觉和感性思考。因此，现如今的比喻理论研究已广泛地涉及多个学科领域，如心理学、语义认知学和修辞学等。西方学者最先提出了隐喻概念理论，明确指出隐喻的认知和创新功能，即隐喻可以通过创造相似性，从而提供看待某一事物的新视角。隐喻从一种语言现象变成了一种认知现象①。与西方学者直接采纳新理论不同，我国学者更倾向于汲取相关思想，并将其融入自己的研究框架中，最终形成自己的理论体系。概念隐喻的研究面涉及内容较多，如针对愤怒这一概念的隐喻，英语中通常使用“anger is fire”的表达方式，但汉语则使用“anger is gas”的表达方式。对于概念隐喻的基本与非基本是如何划定的问题，以及概念隐喻是绝对普遍还是在一定程度上的普遍存在存在等问题还有待学者进一步思考。可以明显地看出，思维方式对学术研究的进展起着极其重要的作用。

第三节　英汉文化视角下的借代修辞格

借代是修辞学中经常被使用的方式，在英汉两种语言中都占据了很重要的地位。在某些情况下，为了达到特殊的效果，作者或演讲者可能会采用与人或事物相关的代称来表示人或事物。这种修辞手法被称为借代修辞。

一、英汉借代辞格简介

汉语《辞海》将借代定义为修辞学上的辞格之一；具体来说，甲事物同乙事物不相类似，但有不可分离的关系，利用这种关系以乙事物的名称来代替甲事物的方式，叫借代。

在英语修辞格中，与汉语借代辞格相对应的英语辞格为“metonymy”。英语中“metonymy”源自希腊语“metonymia”，“meta”之意为“change”或“after”。“onyma”之意为name，故“metonymia”具有“changing of name”之意。英国语言学家梅尔斯给它下的定义为，Metonymy (Greek：change name) involves taking something related to stand for the whole thing. For example we use it when we refer to the Queen as the Crown. 用英文来讲就是，Mentonym)（希腊语：change name）涉及接受与代表整个事物相关的东西。例如，我们将女王称为王冠，这就是借代。而今，当我们讲到metonymy这一修辞格时，使用较为广泛的是《韦氏第三版新国际英语大词典》中给出的定义，“A figure of speech that consists in using the name of one thing for that

① 赵艳芳．语言的隐喻认知结构:《我们赖以生存的隐喻》评介[J]. 外语教学与研究，1995(3)：67–72.

of something else with which it is associated.” 这也就是说，用一个事物的名称来代另一个事物，两者之间是有关联的。

换句话说，借代的核心特征在于使用一个事物的名字来指代或暗示与之相关的另一个事物，而不改变原意。例如，甲乙二者虽有所不同，但彼此紧密关联，提及乙便会引起人们对甲的联想，形成了二者之间的借代联系。

通过借代修辞法，艺术得以以一种更加优美、巧妙的方式来代替直接表达的方式。该修辞手法使用与人或事物相关的别名来代替它们的真名，其中，“本体”指代被借喻的对象，而“代体”则是用来替代本体的词语。代体是指在某种情境下被代表、替代的对象，而非其本身。如下文所示。

山上层层桃李花，云间烟火是人家。

银钏余钗来负水，长刀短笠去烧畲。

诗的开头两句描绘了一幅美丽的山村景象：村中盛开着桃李芬芳，烟云缭绕。最后两句描述了山村居民勤劳的生活：男人们挎着长刀、戴着短笠放火烧荒、准备种地，这样的劳动生活造就了这里的山色秀美和花木茂盛。年轻女子佩戴着珠宝首饰，下山取水准备烹饪饭菜。诗人运用“银钏金钗”来象征年轻少女，而使用“长刀短笠”来描绘健壮的男人，精准地刻画出山村男女的形貌特征。这种表达方式使地方特色十分明显。

例如，英语原文：“There is no amour against fate；Death lays his icy hand on kings；Scepter and Crown，Must tumble down，And in the dust be equal made With the poor crooked scythe and spade.”

译文：没有武器可抵拒命运；死神冰冷的手会把国王抓去；权杖与王冠，必定要倒塌，在尘埃间与镰刀铁铲完全平等，不分贵贱。

“Scepter”指的是皇帝，“Crown”代表的是皇后，而“scythe and spade”则代表普通的农民和劳动者。通过借代的巧妙运用，这句话显露了一个难以改变的事实：无论一个人的阶层或地位如何，死亡是不可避免的。

通过运用借代修辞格，不仅能够避免无聊重复，还可以凸显出个体或事物的本质特色，提升语言的生动性和表现力，使文章更加饱满多彩，甚至能够增添一些趣味性。

二、文化因素对英汉借代修辞格的影响

对英语和汉语的转喻有了一定的了解之后，就可以探讨借代修辞格在不同文化视角下被人们使用时可能出现的差异。

（一）文化因素对英汉借代修辞格代体词汇的影响

为了创造出有力的借代修辞效果，人们必须深刻理解本体和代体之间的现实联系，因为这是借代修辞的核心基础。下面将讨论文化因素对英汉借代修辞格和代体选择的影响。

英汉文化的传承对于使用借喻修辞手法和选择代指物进行体物转换有很大的影响。先考虑以下两个示例。

① The influence of the Crown has increased, is increasing, and ought to be diminished. 王权的影响已经加强，而且还一直在加强；然而，这种影响应该削弱。

②“我们这些人也可怜。”老魏断断续续地说，“说来归其，我们太爱惜乌纱帽了……”

在这两个例子中，英语中的“Crown”（王冠）和汉语中“乌纱帽”是用来代表权力的，它们反映了各自民族的文化特征。在英国采用君主立宪制之前，君主（女王）持有至高无上的王位权力，其加冕仪式象征着这种权力的正式确认，而王冠则是这种权力的象征。尽管君主立宪制限制了君主或女王的权力，然而他们仍然代表着王室并承载着国家的象征意义，王冠所具有的象征意义也被传承至今。中国的官员选拔历来重视官僚背景，即“官本位”思想很盛行。历史上，各朝各代也都采用了各种不同的选拔制度，旨在选拔出优秀的官员，授予其重要职务。最著名的制度应该是隋唐时期开始的科举制度。“暮登天子堂”一直是学子的向往，因此乌纱帽就成了权力的象征，这种象征在许多人心中根深蒂固。

此外，英语和汉语在表达尊贵时所使用的代词也存在差异。汉语的“红色”或者“黄色”都可以被用来表达此义，然而英语则使用“紫色”来描述。汉语用“朱门”来形容“富贵人家”。例如，“朱门酒肉臭，路有冻死骨。”（杜甫《自京赴奉先县咏怀五百字》）因为中国古代王侯贵族的官邸都漆成朱红色，以示尊贵。英语中的“be born to / in the purple”，即“出身王室或显贵之家”，“紫色”象征尊荣和权力，同时也是“罗马皇帝”的代名词；原因在于古罗马皇帝的服装中，紫色长袍被用作象征皇权的标志，类似于中国皇帝的“黄袍”。中国文化中的“黄袍加身”等同于西方文化中的“紫袍加身”。在中华文化中，人们将“黄色”视为“帝王之色”，这种联想是独特的。中原黄土地带是汉文化的起源地，对中华民族而言，“黄色”是代表土地的颜色，就像成语所说的“天高任鸟飞，地广任牛行”中的“地广”也是指土地的广袤。“古以五色配五行五方，土居中，故以黄为中央正色”。尽管“紫”与“黄”两者都象征着皇权，但一个来自古罗马文化，而另一个则来自中国汉民族的“五行”文化。

五行文化是汉族独特的文化传统，从中也演化出了一系列中文特有的比喻表达方式。汉民族古代的哲学和宇宙观孕育了“五行”文化。在古代汉人的观念中，宇宙是一个有机体，具有独特的演化规律。这种规律被称为“太极—阴阳—五行—万物”，是万物生息繁衍的基础；它揭示了自然界的运行方式，是万物存在的本质因素。五行不仅主宰“五方”，而且配以“四时”。

木—东方—春。

火—南方—夏。

金—西方—秋。

水—北方—冬。

土—中央—四时。

古代把“秋天”“秋风”称为“金天”“金风”，把“秋季”称为“金秋”。这与中国现代人所说的“金色的秋天”大相径庭。

在古代汉族文化中，人们将“五行”与“五音”相结合，用“商秋”和“商风”来分别指代秋天与秋风。“商”为古代律吕的五音之一，“金”配“商”；甚至一年十二个月份也冠以音乐十二律吕的名称。

正月—太簇；二月—夹钟；三月—姑洗；四月—中吕。五月—蕤宾；六月—林钟；七月—夷则；八月—南吕。九月—无射；十月—应钟；十一月—黄钟；十二月—大吕。

在古代，汉族人民运用“五行”文化理念来观察宇宙中的一切事物。他们将时间和空间等概念用“五行”符号来表现，这些符号是英语所没有的指代词汇。

借代是建立在人们心理联想基础上的。借代依赖的是与心理视角相关的关系，它可以反映人心中的关注点。借代的使用者会依据各种不同的要素，包括环境情况、自身感知、个人背景和经验等，选择一个具有独有的特征和与个人认知过程相一致的选项。由于每个人的心理状态和感知事物的方式是不同的，因此他们对同一事物的印象和关注领域是个性化的。汉族人更喜欢使用具象、具体的语言方式来表达抽象或虚幻的概念；使用英语的民族更喜欢使用抽象的措辞来表达复杂的主题。这些抽象词汇常常具有广泛的含义，就拿“人”这个词来说，英汉两国使用的称谓方法就不尽相同。在汉语中，使用“人”字来借代修辞的情况并不多见，通常只有一些具体的身体部位，如脸、头、头发、手、眼睛、眉毛等，被用来代表人。例如，“巾帼不让须眉”中的“须眉”就是借用人的头发和胡须来代指人；“明眸皓齿今何在？血污游魂归不得。清渭东流剑阁深，去住彼此无消息”

(杜甫:《哀江头》),在这里,“明眸皓齿”被用来代表杨贵妃,强调了美人形象的明显特征。

英语中有很多词汇可以用来指代人,除了使用具体的身体部位和器官之类的词语,还有许多抽象的表达方式可供选择。例如,用表达人的心灵、精神和思维的词来指代人,如“spirit、soul、mind”;用表达人的性格、品质的词来指代人,如“character、personality”;用表达人体组织、毛发、肌肉、血液、骨骼、声音的词来指代人,如“hair、flesh、blood、bone、voice”等。例如,英美人经常会说“The great spirit / voice helps people all the time.”里的“The great spirit / voice”就是借指上帝。

运用借代同样可以观察到各个民族在物质文化方面的差异。

工具、材料等常常与东、西方的不同物质文化相关联。在用不同的方式表达乐器时,英语和汉语的代体并不相同。

首先是英语,The sun blared like a brass. 太阳如铜(乐)奏鸣。

其次是汉语,浔阳低僻无音乐,终岁不闻丝竹声。

西方音乐器材通常由铜制成,因此使用“brass”(铜)来代替乐器;中国乐器以丝弦、竹木为主要制作材料,因此“丝竹”被用来指代管弦乐器。“写字”的另一种说法是“挥毫”,这是因为古时候的汉民族人民在写字时一般使用毛笔。西方传统的笔是用羽毛做成的,因此在英语中常用“to drive the quill”(使用羽毛管)来指代写字。

此外,由于东西方饮食文化的异同,人们在饮食习惯和用餐器皿方面也存在差异。

(二)英汉文化下特有的借代模式

英语和汉语因为其语言文化的独特特征,都对应着一些独特的借代模式,而这些借代模式在对方语言中较为少见或根本不存在。

1. 英语中特有的借代模式

英语中常以某种感情的名称来指代该感情所施予的对象。如下文所示。

① For Lycidas, your sorrow, is not dead. 因为莱西达丝,你的悲哀,尚未亡故。

② At length Erasmus, that great honored name, The glory of the priesthood and the shame. 终于,伊拉兹马斯,那尊贵的名字,牧师的荣耀与耻辱。

在这两个例子里，“sorrow”代替为之悲哀的人；“glory”和“shame”代替为之感到荣耀或耻辱的人或行为。

仔细分析的话可以看出，上面这两个例子其实都是以感情的抽象概念去指代感情所给予的具体的人或事物。

除了这一模式外，在英语中还可以看到以某种心理状态的抽象概念来指代引起这一心理状态的原因的词汇。如下文所示。

① interest：兴趣、引起兴趣的事物。

② surprise：惊讶，令人惊讶的事物。

③ excitement：兴奋、令人兴奋的事物。

④ inspiration：鼓舞、令人鼓舞的事物。

在汉语中，这种用法不太普遍。可能与西方文化更偏向于抽象思考有关，他们的文化传承自古希腊和古罗马，强调空间表达的真实感，并运用准确的词性变化来传达语义信息，以此彰显其语法范畴。西方人通常使用分类方法来认识和解析客观世界，他们会将各种物体的共同之处进行抽象概括，从而形成柏拉图所言的“理念世界”。西方人的借代方式均使用了抽象概念来指代具体实物，以高度概括的手法进行表述，与中国人的借代方式不同。

2. 汉语中特有的借代模式

数量词可以被用来指代某个事物，这在汉语中是一种特别的借代模式。在汉语中，数量词是由数词和量词组合而成的，“数词”可以被称为“数位词”。数位词在汉语中具有独特的特点。数量短语常与名词搭配，在语言表达中起到指代作用。如下文所示。

①万钟则不辨礼义而受之，万钟于我何加焉。（孟子《鱼我所欲也》）

②人生如梦，一樽还酹江月。（苏轼《念奴娇·赤壁怀古》）

第一个例子中的“万钟”，即“万钟粟”，第二个例子中的“一樽”，即“一樽酒”。在古汉语中这种用法十分常见。

现代汉语中也有这种借代模式，如口语中用“八斤半”代替“头颅”：从今天起，他的八斤半就在脖颈上不稳啦。（姚雪垠《李自成》）

英语中偶尔也可见到这样的借代模式。

例如，英语原文：“Following the messenger, out bounced Mrs.Murphy two hundred pounds in tears and hysterics, clutching the air and howling to the sky for the loss of thirty pounds of freckles and mischief.”

译文：跟着那报信人，跳出了两百磅的墨菲太太，涕泗滂沱地歇斯底里大发作，呼天抢地，大叫丢失了三十磅的雀斑捣蛋鬼。

这里的“two hundred pounds”（两百磅）和“thirty pounds”（三十磅）分别指墨非太太和那个长着雀斑的捣蛋鬼。不过，在英语中，这种借代方式不如汉语常见，也没有形成一套构词规律。数量词是汉语中常用的一种构词方式，用来代替事物的数量，具有重要的语言表达作用。汉语中有很多借代词，如“银两”“田亩”分别代指“银钱”“田地”。

第四节　英汉文化视角下的委婉语修辞格

一、英汉委婉语修辞格简介

在英汉两种语言中，委婉语是一种广泛应用的修辞格。委婉语是汉语中用于表达委婉或含蓄意思的一种语言形式，包括夸饰性委婉语和讳饰性委婉语。其中，夸饰性委婉语在特定语境下，能使讲话者强调的部分显得比实际的更好、更重要、使讲话者和听话者都感到满足；而讳饰则是以避讳或回避的方式表达某种信息。汉语委婉辞格就是指不能或者不愿直截了当地说，而闪烁其词，拐弯抹角，迂回曲折，用与本意相关或相类的话，来代替那些明说出来会使人感到不悦、不敬、羞涩、粗鲁甚至难堪的话的表达方式。

委婉语是英语中的一种修辞手段，与汉语中礼貌或间接语言的使用相对应。英语中的委婉语，即“euphemism”的起源可以追溯到古希腊语，这个词是来自希腊语的一个词语。“euphemism”的含义为委婉语，即用比较温和或委婉的措辞来表达比较直接或不适宜的意思。使用措辞不太准确但更为委婉的词语来代替真相或准确性所需的措辞，被称为“委婉语”。例如，“去世”是“死亡”的委婉说法。在《牛津现代英语高级学习词典（新版）》，即“Oxford Advanced Learner's Dictionary of Current English (New Edition)”中，对于“euphemism”的定义做了较为详尽的解释，“use of other，usu.less exact but milder or less blunt，words or phrases in place of words required by truth or accuracy：‘Pass away’ is a euphemism for ‘die’. ‘Queer’ is a modern euphemism for ‘homosexual’！”这段定义是指委婉语是一种用一些词语来替代较为直接、真实的词语的语言形式。这些替代词通常含义不太具体但比较含蓄温和或意思相对缓和一些，如使用“Pass away”（离世）代替“die”（死），使用“Queer”（奇异的）

代替“homosexual”（同性恋的）。

实际上，“euphemism”在英语中的使用源于语言禁忌，为了回避禁忌词汇，人们常常会用替代词来表达同样的含义，因此，委婉语就应运而生了。从长远发展的角度来看，英语中的“euphemism”有两种主要功能，第一种是使表达更加含蓄和柔和；第二种是可以用它来替换一些被视为禁忌的古语。这表明，英语和汉语都使用委婉语来达到同样的目的。下面将探讨文化对在委婉语修辞格的影响。

二、文化因素对英汉委婉语修辞格的影响

（一）文化因素对英汉委婉语修辞格词汇选择的影响

利用委婉语修辞格，人们可以意识到不同宗教信仰在表达方式上存在多样性。

英美国家的人都非常信奉上帝，无论是政治人物还是普通百姓都将基督教信仰视作社会道德的基石，这种信仰必定会对委婉语的使用习惯产生深远的影响。下文将以死亡委婉语为例来具体说明。

英语中的很多死亡委婉语源于圣经或其他与基督教相关的传说和故事。这些表达方式反映了基督教的人生哲学和对死亡的宗教看法。基督教认为，人类在出生时就带有罪性，需要通过一定的赎罪方式来从罪恶中解脱，该教将死亡称为“to pay the debt of nature”（偿清了与自然的巨额债务），“When a person dies, he returns to God, presents his account book and truthfully reports what he has done in his life, comes to see St. Peter, who guards the gates of heaven, and enters heaven or the gate of heaven, the arms of Abraham, and feels inner peace and comfort.”（人死后回到上帝身边，将自己的账簿呈上并如实报告自己一生的所作所为，来拜见守卫天国大门的圣　彼得，进入天堂或天堂之门——亚伯拉罕的怀抱，感到内心宁静、神意安抚）。当人逝世时，只是身体的“to depart the body”（灵魂离体），而灵魂则是“to continue on eternally”的（永恒存在）。这些是英、美民族人民的信仰，上述这类委婉语经常出现在各类文学作品中。

例如，英语原文：“Thus was I, sleeping, by a brother’s hand Of life, of crown, of queen, at once dispatched; Cut off even in the blossoms of my sin.”

译文：于是，我在睡梦之中被一个兄弟同时夺去了生命、王冠和我的王后；甚至不给我一个忏悔的时机。

英语原文："Is it not sufficient for your infernal selfishness, that while you are at peace I shall writhe in the torment of hell?"

译文：当你心安理得离去，而我却在地狱里苦苦挣扎，这难道还不能满足你那极度的私心吗？

中国的宗教也采用了一些委婉的措辞来表达死亡。由于中华民族没有统一的宗教信仰，各种不同的宗教有不同的看待死亡的方式，因此使用委婉语来表示死亡也就更为多样化。在中国的宗教中，道教和佛教对此影响较为显著。

道教存在“随物而化”的思想观念。在道家的理论中，生与死之间并不存在不同，都是自然规律作用的结果，于是道家将死亡描述为“物化”“隐化”“遁化”等。因为道家思想的发展，道教得以产生，且道教试图更深入地探究人类如何实现生命不死、肉体成仙，因此道教将人类的死亡称之为“仙逝”或“仙游”，并认为死亡就像蝉在蜕壳一样，称之为“蝉蜕”或“蜕化”。佛教从印度传入中国后，也带来了一些说法，用来委婉地描述死亡。其中，梵文音译而来的“涅槃”就是其中之一。佛教认为最高的修行状态为“诸德圆满俱足，诸恶寂灭净尽”，因此死亡也常被称为“灭度”或“圆寂”；佛教的修行之人功德圆满时，会达到“四人皆空”的境界，临终时内心平静，盘膝坐着如同活着一般，被称为“坐化”；佛教对死亡的最高赞颂是“登莲界”。

英语中有许多形容年长者的委婉语，这反映出英美社会不愿涉及年龄话题的文化价值观。有趣的是，在西方社会，80 岁才被视为步入老年的阶段。实际上，这种认知模式或价值观念的存在与家庭组织联系紧密。在英美国家，子女成年后通常会独立生活，而社会养老体系并不能完全代替家庭养老，这使得大部分老年人面临孤独和寂寞的问题，“老龄化”成为人们生活中不可忽视的挑战。在这样的社会文化背景下，当今的英美社会没有人是“老的”（old），对于“老”的婉称俯拾皆是，如“seasoned”（老练的）、“well-preserved”（保养得很好的）、“a senior citizen”（年长公民）等。总而言之，老年人并不是“老”，而是“longer-living”（生活经历长），明明是风烛残年，却美其名曰“golden years”（黄金年华）。同样的，养老院也因此有不少婉称，如“a home for adults”（成人之家）、“a nursing home”（护理之家）、“a rest home”（休养所）、“a private hospital”（私人医院）、“a convalescent hospital”（康复医院）等。

传统上，汉族人非常重视“敬老尊贤”的价值观，所以他们不把老龄化视为禁忌。汉族社会的家庭结构相对紧密，注重家庭的组建和家人的团聚。老人在家庭中拥有崇高的地位，普遍得到家人的尊敬和关爱，因此，老年并不被视为一件可怕的事情，形容老年的词语，如薄暮、凋年、华皓等通常在古代的文学作品中被广泛使用，主要是为了语言的优美、形象的生动。汉民族还有一种习惯，即在姓氏后加上“老”字作为尊称，如“徐老”“王老”，这种方式表现了对长者的敬意；也可以将其放置在姓氏之前，以示亲密，如“老王”“老张”。这在英美文化中是难以想象的。

此外，对于社会价值的认知还会直接影响两个民族在“婚姻”和“生育”方面使用的委婉语，因此它们之间存在显著差异。中国人在人际关系中非常看重人情，这是他们的文化特色；相比之下，西方人则把自由看得更加重要，这是他们文化的一个特点。

西方文化注重个人独立和个性，常将家庭视为限制，因此“结婚”常被描述为“to have gotten hitched/yoked”，这意味着陷入了一段不易摆脱的关系；“A single man/woman”可以用来指代“未婚男／女”，而不改变其含义。中国文化强调家庭伦理，把婚姻看作人生中至关重要的选择，只有求婚成功并完成结婚仪式，才算真正建立起自己的家庭。中国人在婚后怀孕时，通常会用“喜”字来表示幸福的心情，如使用“有喜”“怀喜”“遇喜”等表达方式。生育孩子被认为是一件值得庆祝的喜事，这种观念与相信生儿育女能带来好运的价值观紧密相关。然而，在西方文化中，“怀孕”“生孩子”并非被视为象征幸福的事情。一些常见的委婉说法包括“awkward”（笨拙的）“in a bad way／shape”（样子／体形不好）、“to spoil／ruin a woman’s shape”（破坏了女子的体形）、“in a certain／particular／delicate condition”（处于某一／特别／虚弱状态）等。这些表述表明了某种不确定和不安的情绪，同时也反映了不同民族对同一事物的态度和理解不同。

中国是一个以农业为主的国家，在农村地区，经济自给自足具有很强的自然特征。从世世代代“男耕女织”这一传统结构模式来看，家庭经济也以农业为主。考虑到对农业的重度依赖，中国社会普遍存在的观念是非常注重农业、乏善可陈的商业氛围，人们普遍相信“力田为生之本也”“工商重则国贫”。在过去的历史中，许多统治者采用了以农业为主且压抑商业的政策，这导致从事商业的人们受到了不公平的对待。西方国家在商品经济方面拥有更为丰富的经验，并更加重视资本的积累。从古至今，英国人一直把商业贸易视为重要的事务，在资本主义发展的近现代史上，商业已经成为他们生活中不可或缺的一部分。这一现象对两个族群的文化形态造成了影响，特别是在描述“贫穷”的委婉用语时，这种影响变得更加显著。

在西方的商品社会中，金钱被视为衡量一切的标准。因此，人们认为贫穷是可耻的，并且为了掩饰自己的贫穷，他们需要想方设法地进行词语运用。社会、政府和媒体也会说一些措辞婉约的话来平衡这种感觉。

“穷人”被婉称为“have-hots”（不富有的人）或“a man of modest means”（财产不多的人）。“逆所得税”是一种针对收入低于最低生活标准的个人或家庭的补助计划，在美国联邦政府中常被称为“税”。这些委婉语的使用恰恰反映了西方人金钱至上的世界观。

在汉语里，形容贫困的词汇较为有限，如常用的有“拮据”“囊中羞涩”“手头紧”等。在中国传统文化中，与西方不同的是，人们对于“贫穷”这一话题不那么过敏感。相反，中国人更倾向于强调“士不理财”的观念，并使用大量委婉的称呼来代替“钱”这个词，许多货币都有很多别名，像贯头、铜馒、官板儿、响洋、朱提、龙洋、钢洋、袁大头、大团结等。这些实例生动地表明了汉民族和英美民族在金钱方面的极大差异。

在封建社会时期，中国的历史发生了漫长的变革，长达 3 000 多年的文献记录一直被保存下来。中国很早就形成了复杂的封建等级制度。在夏商时期，等级差别已十分明确。随着儒学的兴盛，礼法被视为封建社会形态的关键支柱之一。自古以来，封建统治者为了巩固自己的政权，在礼法中强调和宣扬那些有利于他们政权的部分。因此，华夏民族的思维和言辞也受到了贵贱等级观念的影响。

在古文中，有关“死亡”的禁忌语和委婉语最能够反映社会阶级的差异。中国古代的制度文化促成了一个官本位的社会，皇权被视为道德和法律的最高标准，同时官僚等级制度也非常严格。封建时代的统治者不仅在生前享有特权，而且在逝世后也要区别于普通民众。《礼记·曲礼下》就明文规定：“天子死曰崩，诸侯曰薨，大夫死曰卒，士曰不禄，庶人曰死。”到了唐朝，据《新唐书·百官志一》记载：“凡丧，三品以上称薨，五品以上称卒，至六品达于庶人称死。”所谓“崩”，就是指山体崩塌或崩裂的现象，而天子去世，就像山崩地裂一样震撼人心，显而易见，这是国家遭遇的大难；“薨”一词最初指房屋倒塌时发出的巨响，常被用于形容重要的事件，因此也被用于形容极其惊人的事件；通常情况下，“不禄”意味着失去皇帝赐予的俸禄，由此导致身份地位受到明显的限制；普通百姓不必使用含蓄的说法，可以直接使用“死”这个词。

在英、美历史文化中似乎找不到这种对于不同阶层死亡的婉言，而这种婉言在现在被制度化了。基于基督教信仰，西方文化重视人人平等，认为所有人均由上帝创造，并被赋予了平等的价值和尊严。这也就意味着每个人都应该享有相同的权利和机会。在欧洲中世纪时期，有一个流传已久的格言："Popes, Kings, beggars, and thieves alike must die."（无论是教皇、国王、乞丐或者小偷，他们都注定要离世）。在这样的文化环境中，很难出现社会等级明显分化的委婉措辞。

（二）文化因素对英汉委婉语表达方式的影响

各个国家都拥有独特的文化，而语言文字则是展现这些文化的重要工具之一。语言文字是修辞格表达的必要媒介。接下来将对比讨论英汉文化因素对于委婉语表达方式的影响。

口头语言比书面语言先出现。最初，语言是通过口头发音来传达的，语言的功能在于通过声音和形式创造概念，激发头脑中的各种思维形象。就此而言，委婉语的作用就是避免使用与禁忌观念相关联的表达方式。

在英语中，单词的拼写随着时间的推移会产生变化，这种变化会影响单词的发音和意义，有时也会带来委婉修辞的效果。这些表达手法都是为了在表达不愉快或敏感的话题时，以更客观、委婉的方式来组织语音。如下文所示。

①缩略：ladies（ladies'room 女厕所）。

②首字母缩略：JC（Jesus Christ 耶稣基督）。

③逆生：burgle（夜间破门盗窃，逆生自 burglar 夜盗）。

④音节或字母重复：pee-pee（piss 小便）。

⑤语音扭曲：Cripes（Christ 基督）、Gad（God 上帝）。

⑥混成词：gezunda(This object"goes under" the bed. 那东西放在床底下，即"夜壶")。

⑦指小词：heinie（hind end 后端，即"臀部"）。

在英语中委婉语的使用常常通过改变语音或者拼写方式来实现，而这些方式是拼音文字特有的，并且相对灵活方便。

汉语使用的是方块字，字形与发音之间缺乏直接联系，因此无法像拼音文字那样便于使用。汉字中存在许多同音或发音相近的字，因此常见的语音避讳方法是使用谐音。部分汉族人有一条世代相传的家训，规定子孙不能使用祖辈或父辈的名字来命名，甚至需要避免使用与前辈名字发音相同的字词。据说，因为苏轼的先祖名字中有"序"字，所以他在为人撰写序言时，总是使用与"序"字音近或者意思相似的字词替代所忌讳的字。古代汉字的四种音调分别为阴平、阳平、上声和去声，这为人们提供了一种有效的委婉语使用方法，通过改变字的音调来避讳。另外，汉语方块字还可以借助字形部首的特点，创造更为委婉的表达方式。如下文所示。

①周先生，你一人十一划有吗？

在这里，“十一划”婉指“鸦片”，鸦片俗称“烟土”，也简称“土”，可拆成“十”和“一”。

②楚女身材高大，而黑而麻，服装随便，有丘八风。

“兵”可称“丘八”。

汉语委婉语的创造涉及对字形和部首的运用，是汉语区别于其他语言的一种独特的语言表达方式。英文和中文之间的语言特点，可以从修辞手法的使用上得到体现。

第六章　英汉语言对比与翻译研究的实用价值

本章为英汉语言对比与翻译研究的实用价值，包括英汉语言对比与翻译研究的新趋势、英汉语言对比与翻译研究的现实意义。英汉语言对比研究并非只具有理论价值，也具有十分重要的现实意义。

第一节　英汉语言对比与翻译研究的新趋势

一、学科的理论自觉意识越来越高

一门学科的发展程度取决于它的理论自觉，往往跟理论与实践的距离有关。一些因为学者，已经开始研究和探讨一些与英汉语对比翻译相关的理论问题，这些问题是在中英文对比过程中逐渐浮现出来的。

刘宓庆是研究中英哲学思想比较最早的学者之一。《汉英对比研究与翻译》是他 1991 年的重要著作，其中提供了构建汉英对比理论的重要思路和文献支持。① 在此前，人们只是从实践经验的角度对英汉语言对比方法的可行性进行了探讨，在此之后才从理论方面展开了对该问题的论证。从理论放慢展开的论证可以归纳为两个要点：第一个要点强调语言的“异质性”，即语言内在机制的不同，在比较研究中具有重要意义，使一种语言与另一种语言区别开来；第二要点强调要考虑语言比较研究的不同层面，即从表层到中间层或表达层面，再到深层，即思维形式层面，逐步进行对比研究。

钱冠连也是一位比较重视中英比较理论的学者。近年来他发表的有关中英比较研究的文章，差不多都是和理论建构相关的。他在 1994 年发表的一篇论文中提出中英比较研究有两个目标：理论目标和实践目标。他认为，双语比较研究的目的在于探究不同民族的哲学和美学对某一族群的语言心理倾向产生的直接或间

① 刘宓庆．英汉对比研究与翻译 [M]. 南昌：江西教育出版社，1991.

接影响。[①]1996 年，他发表了《语言理论框架的跨国对比》一文。他认为，中国语言学家面临着两个主要挑战：缺乏勇于创新的精神和缺乏定量研究的能力。他从国外相关理论研究中得到了三个启示，一是中国语言学家需要加强哲学修养，采用哲学思想来推动语言的发展，以便更深入地理解语言；二是中国语言学家的学术生活离不开严格的训练方法；三是在当代科学不断发展的背景下，中国语言学家需要抓住科学发展的机遇。

1995 年，潘文国发表了一篇题为《语言对比的哲学基础：语言世界观问题的重新考察》的文章。他提出从哲学的角度来思考比较研究的理论基础，强调“语言世界观”构成了比较研究的哲学基石，认为只有从语言的角度来探究比较研究中涉及的核心议题，如基础、可比性、形式和意义等，才能获得恰当的处理方式。他认为语言世界观包含了四个主要方面的意义：第一，把语言看作是本质的一部分，以此增强语言探究的动力；第二，相似性和独特性是理解的基础；第三，由于语言强调语言的本质形式，因此它与文化和心理背景密切相关；第四，正确理解语言的基础在于认识到语言的影响、语言能够“渗透”到不同领域，以及在语言之间进行转换和翻译的重要性。1996 年，他撰写了一篇名为《关于对比语言学理论建设和学科体系的几点建议》的文章，在各个方面深入探讨了对比研究涉及的问题，包括定位、主体、目的、方法、视角和体系等。1997 年，他在他的专著《汉英语对比纲要》中特别强调，建立任何新的学科都需要先建立作为意识形态的理论基础，这才能成为研究的起点；阐述本学科的研究历史，也就是说明它现在的发展方向、趋势及需要履行的使命。[②]为了深入了解英汉语法比较的历史，相关学者需要探索英汉语法研究的演变过程；若想了解汉语语法研究的历史发展，国内相关学者必须探究英语语法研究的变迁。

杨自俭一直非常注重学科理论的建设，在他的多次学术会议报告和众多学术论文的开头，他一再强调对理论问题的重视和专注。1992 年，他指出汉语研究一直没有充分重视理论研究，他针对这一情况提供了相关观点以弥补这一缺憾。1998 年，他再次强调，有些人把讨论的重点放在外国语教学、对外汉语教学、翻译、词典编纂等实际问题上，而不重视基础理论研究。他认为，比较语言学以理论语言学为基础，未发展理论，却具备了学科的特色、基本理论和方法。

近年来，语言对比研究学者对学科的历史发展产生了越来越大的研究兴趣，

① 钱冠连．英汉语对比研究的理论目标 [A]. 英汉语比较翻译 1[C]. 中国英汉语比较研究会：1994：44—52.

② 潘文国．汉英语对比纲要 [M]. 北京：北京语言文化大学出版社，1997.

并认识到深入研究学科的过往历史对于学科进步至关重要。学科发展史是一门考察学科演变历史及规律的学科，要相对其进行研究，相关学者需要探究学科形成的原因，关注推动学科发展的因素和趋势，并研究学科发展的规律及未来的发展方向；应该在发展过程中保持警觉，掌握解决问题的基本理论和方法，结合基本概念和理论，探讨历史发展的经验，以应对可能出现的问题；应当立即展开对西方比较语言学和汉语比较语言学历史的研究，从而极大地推动该领域的进步。

此外，有学者讨论了汉语和英语的可比性，他们认为，中英对比的理论体系必须建立在汉语实际上是一种语义语言的事实之上，提出了汉语与英语的比较应遵循共时、层次、等价和同一性的原则。正是由于上述学者的共同努力，中英比较研究的理论氛围越来越浓厚，越来越受到学术界的关注。

二、从微观走向宏观

近 20 年来，中英对比发展趋势之一是由微观到宏观的转变。宏观和微观这两个词汇在语言学领域中被广泛运用，并且其含义是具有复杂的层次性，其含义的第一个层次意义可以理解为类似于索绪尔内外语言学的概念；第二个层次意义是关于语言结构的，指句子的文本背景、构造和层次结构。因此，比较研究也有两个方面。

（一）语言层面的提升

语言的结构可分为十个不同的层面：区别性特征；音位；音节；词素；词；词组；从句；句子；句群；语篇。在前八个层面进行的微观分析是一种静态研究。在宏观研究中，需要考虑语言和语音这两个层面，并以此为基础进行持续不断的研究。新兴的语言学领域包括话语分析、语用学、修辞学和文体学等方面。在过去的 20 年里，汉语和英语的比较研究显然经历了一个从微观到宏观的过程。仅在“话语、语用、修辞和风格”方面，前十年和后十年发表的文章数量比值为 1 ： 3。从发表的专著来看，1990 以前，只有两本书与修辞有关；1990 年以后，不仅出现了三本关于修辞对比的专著，还有一些关于言语使用和社交交流的文献。在最近的几年中，还出版了四本专门比较语篇的书籍和一本关于话语分析对比的专著。

（二）从结构走向思维

英汉对比研究可分为三个层次，即语言表面结构、语言表达方法和语言哲学。

在研究中，宏观分析通常位于第二和第三层次，属于比较高级别的分析。语言习惯是指一个民族在认知和表达上所遵从的模式和约定，若想探究这种语言的产生原因，就需要考察这个民族的心理、文化及哲学根源。

英汉语言对比研究在我国的发展经历了一个从一级到二级，再到三级的过程。20 世纪 80 年代，大多数研究停留在第一级；20 世纪 90 年代初，三级理论被首次提出，并进行了一些实验。早在 1924 年，叶斯柏森就提出了两种从内到外和从外到内学习语法的方法，他在《语法哲学》一书中运用其他学科的成果来研究语言，阐述了语言学的基本原则。国内学者利用对比研究法对汉语和英语进行了全民研究，并且还对“物称与人称”“聚焦与散发”“整体语与分析语”“复杂与简洁”“外形与内涵”“静态与动态”“被动与主动”“间接与直接”“抽象与具体”“替换与重复”十个主题进行了详细探讨，旨在探讨这些主题涉及的英汉语法特点、语体风格、思维习惯、表现方式、修辞手法、翻译技巧及各自的文化背景等方面的问题。

赵世开先生的《汉英对比语法论集》一书在众多汉英表达方式对比研究方面的书籍中更是研究价值。这本书的主题和结构都沿袭了吕叔湘先生的《中国文法要略》中的“表达论”，并在此基础上，深入探讨了“指称”“方向”“时间”“比较”“数量”“正反”和“关系”七个认知范畴的对比问题。

自 20 世纪 90 年代以来，汉语和英语在宏观层面的比较引起了越来越多人的关注。在《中国文法要略》一书中，吕叔湘指出，虽然可以很容易地辨别事物之间的异同，但真正理解差异背后的原因却是一项非常具有挑战性的任务。研究的最终目标是进行比较。

在中国文化语言学的发展中，国内学者尤其注重探讨语言的本质哲学问题，他们提出了四个不同点，用以比较汉语和西方语言（通常指英语）的短语模式：其一是焦点视与散点视；其二是主谓视与非主谓视；其三是单域视（词组独立为句子）与双域视（词组只是句子的构件）；其四是层视与核视。因此，从哲学的视角来看，与西方语言相比，汉语更加注重实体理论方面的灵活性，而不是形式主义，这是它的特点。人文和科学在东西方语言中存在着不同的侧重点。

国内学者提出的三级理论，旨在对比汉语与英语，并尝试通过思维方式的比较对其进行深入研究。国内学者还指出了五个方面的对立：整体思维与个体思维；悟性与理性；主体意识与非人称主语；对立与并联；具体与抽象。

王寅在《汉英语言宏观结构的区别特征》一文中总结了中英语言的九个不同特征：形合法与意合法；葡萄型与竹竿型；后续型与前置型；正三角与倒三角；

剪辑型与临摹型；名词化与动词化；虚用型与实说型；具体词与概括词；浓缩型与展开型。

还有学者思考得更深，上面提到的学者只列出了汉语和英语思维方式的一些相反的特点，而思考得更深的学者希望研究的不仅是两种语言思维方式的差异，还有对两种语言本质的基本理解。

徐通锵是在中国历史语言学、方言学和普通语言学领域备受推崇的知名学者。他和叶蜚声合力创作的《语言学纲要》在全国掀起了热潮。他花费了大量时间深入研究外语理论和汉语实践，最终他下定决心以全新的思维方式构建一种全新的语言理论框架。他认为，语言是一种精确的编码系统，不同语言之间的差别主要在于它们的编码方式和规则。由于汉语是一种直接编码语言，所以它的语言层次和概念层次是相符合的；而英语的表述方式可能与实际概念的领域并不完全吻合，这是因为它是一种间接编码语言。在汉语中，意义更重要，而在英语中，语法更重要。在语法中，英语句子的构成包括主语和谓语；在语义语言中，汉语句子的构成由话题和说明组成。

在 20 世纪 80 年代中期，潘文国开始从微观和宏观两个角度开展了中英语言对比研究的实践。最终，他转向宏观比较的研究范围，以更全面的视角来了解比较研究的整体情况。《汉英语对比纲要》这本书采用对比的方式，探讨了多个重要问题，包括语言观、语法观、汉语观、结构本位观、句子观等，旨在总结出行之有效的语言翻译问题解决方法。

第二节　英汉语言对比与翻译研究的现实意义

面对当今世界的“知识爆炸”情况，几乎所有的教育工作者都希望本专业培养的学生具有全面、广泛的知识结构。然而，学生的时间和精力是有限的，教学大纲要求的学分是有限的。要确定在“有限”基础上必须开设的课程，就必须充分论证和选择对学生综合素质形成具有不可替代意义的课程。“英汉语言对比”作为对外汉语专业的一门专业延伸课程，尤其是作为一门专业特色课程，其不可替代的意义是什么？

这种不可替代性应该从直接和间接、实践和理论层面来分析。从实践方面来看，应用型人才是近年来高校教育培养本科生的重要目标；高等教育没有必要，也不可能大规模、大范围地培养纯理论研究人才，即使在“研究型”大学，他们培养的毕业生也必须具备基本的实践能力，或将所学知识应用于实践的能力。就专业性质而言，对外汉语专业更注重应用，是一个非常实用的专业；这个专业的目标是培养两个方面的人才，第一种是从事汉语教学的教师，第二种是从事中外文化交流的人才；任何一种类型的人才都需要很强的实践能力，汉语和英语的语言比较课程的设置，有助于高校培养学生在这两个领域的实践能力。

英汉语言对比在对外汉语教学中的作用体现在两个方面。一方面，人们可以称之为“拐杖效应”。在学习一门新的语言时，可以使用自己的母语或已经熟悉的一门外语作为媒介，从而避免走弯路。人们对语言的学习是有一个过程的。国外曾一度发展出一种“直接法”，提倡在教学中充分使用目的语。这门课程要求学生不要使用母语或其他语言的任何单词，而是要绕大弯子，借用一些真实的道具，或者使用手势等。然而，实践证明，这种完全放弃母语的做法是不值得提倡的，因为许多话不能用实物或行动来表达。例如，教“glass”可以拿一个玻璃杯过来，教“cup”可以拿一个咖啡杯过来，但是要教“liquid”，把咖啡、水、茶、酒精全拿来都没有用，直接告诉学生这就是汉语的“液体”要方便得多。至于词法、句法、同义词辨析等就更是如此了。因此，在第二语言教育领域，对于学习英语的学生来说，没有人会忽视母语和其他媒体语言的重要性。系统地理解两种语言的相似点和不同点，就像用轻便的拐杖登山一样，会更容易开展将来的工作。

另一方面，英汉语言对比在对外汉语教学中的作用被称为“参照功能”。当比较语言学在外国出现的时候，它本来就打算与外语教育合作。当时，人们相信通过比较语言的相似点和不同点，可以预测学生的学习困难，从而决定教材的重点，对教材的编写非常重要。后来，人们发现比较研究并不是万能的，所以有些人慢慢地放弃了。这是从一个极端到另一个极端的过程。虽然比较研究的结果不是万能的，但它们在大纲的制定和教材的编写中所起的参考作用是不容忽视的。

中外文化交流有深有浅，但都离不开和外国人打交道。浅层次的交流是指日常用语或一些礼貌用语的交流。此时，一些基本的跨文化交际知识是非常必要的，其中跨文化语用学尤为必要。什么时候说话，说什么，如何显得得体和礼貌，以及中外言语礼貌的区别，这些都需要从对比语言学的知识中获得，还可以从对比语用学的知识中获得。深层次的交流是指实质性的沟通，即内容沟通。这一领域最重要的形式是翻译，包括口译和笔译。要想做好翻译工作，翻译工作者就必须具备丰富的对比语言学实践知识，全面了解两种语言的词汇、语法、文体、修辞甚至习语。许多人认为语言对比是语际翻译的基础，这个说法是正确的。

此外，英汉两种语言的比较对于我国外语人才的培养具有理论和间接的意义，有利于本专业毕业生的长远和可持续发展。一些学生毕业后会直接参加工作，他们所学的中英比较知识可以直接应用于他们所做的工作；一些学生也有进一步学习的需要和可能性，包括一些已经参加工作的毕业生，他们也有继续提高自己的愿望和需要。此时，有学者提出了汉语与英语比较的理论意义。

汉语与英语比较的第一个理论意义体现在它促进汉语研究的新方式上，当然也体现在它促进英语研究的新方式上。“他山之石，可以攻玉”，如果能换一个角度去看已知的事情，很多时候可能会有意想不到的发现。本族人使用本族语言的时候，往往对他们本族的语言，即母语有一种惰性。大多数情况下，母语的使用是一种习惯或本能。例如，如果没有外族人“一双朋友”“一对筷子”“一条钢笔”之类的错误，可能汉语的量词研究至今还停留在度量、名量、动量的简单分类上；如果没有外国人造句中出现的下面这类错误“我们正在讨论一个问题，小王不料走了进来”“越你们划，越你们累”“我们在火车站，准备回去上海”，中国的语法研究还只是在概念和用语方面打转。

汉语与英语比较的第二个理论意义体现在其对汉语发展的重要性和一般语言学的丰富性上。语言学理论实际上就是语言的比较，就是世界各民族语言综合比较研究得出的科学结论。这说明了普通语言学的性质。

普通语言学不是抽象的东西，不是一个人的头脑为个别人提出的规则，而是从世界上所有语言的比较中得出结论。只在两种语言之间进行的这种比较，就是人们所说的“对比语言学”；比较的语言多了，把各种具体结论综合起来，提炼出更为抽象的结论或规律，这就是普通语言学。所以，普通语言学不是一个谜，它有两个基本特征。第一，比较或对比的方法。没有比较或对比，从外国理论中复制一条规则，强迫人们遵守，这在语言上是不常见的。第二，需要世界各种各样的语言的参与。参与比较的语言越多，结论就越普遍。理解了这两个基本特征，就可以得出关于现在经常成为话题的普通语言的两个新的见解。首先，人们现在看到的一般语言学不是空洞的东西，而是语言之间的比较和对比的结果，大部分都基于坚实的语言事实，是科学的。其次，现在一般的语言理论还不完善。主要是对印欧语言进行比较，有时也会采用一些非印欧语言（汉语的“孤立性”）的外观特征，而不是对世界语言进行比较。因此，对共同语言的研究还有待发展，其发展道路需要世界上所有语言的积极参与，尤其是非印欧语言。

参 考 文 献

[1] 冯庆华．文体翻译论 [M]. 上海：上海外语教育出版社，2002.

[2] 何南林．汉英语言思维模式对比研究 [M]. 济南：齐鲁书社，2008.

[3] 何三宁．翻译多元论实证分析研究 [M]. 北京：科学出版社，2008.

[4] 何善芬．英汉语言对比研究 [M]. 上海：上海外语教育出版社，2002.

[5] 胡明亮．语篇衔接与翻译 [M]. 成都：巴蜀书社，2007.

[6] 居祖纯．新编汉英语篇翻译强化训练 [M]. 北京：清华大学出版社，2002.

[7] 黎锦熙．国语运动史纲 [M]. 北京：商务印书馆，2011.

[8] 李建军．文化翻译论 [M]. 上海：复旦大学出版社，2010.

[9] 李运兴．语篇翻译引论 [M]. 北京：中国对外翻译出版公司，2001.

[10] 陆俭明．作为第二语言的汉语本体研究 [M]. 北京：外语教学与研究出版社，2005.

[11] 胡皓童．英汉语言句法差异对比及翻译策略探析 [J]. 锦州医科大学学报（社会科学版），2022，20（6）：109−112.

[12] 盛辉．基于创新理念的英汉语言对比课程教学改革分析 [J]. 英语广场，2022（10）：113−115.

[13] 高冬生．英汉语言文化对比及翻译研究 [J]. 江西电力职业技术学院学报，2019，32（5）：142−143.

[14] 毛梅娜．紧跟时代步伐开展翻译研究：评《英汉语言对比与翻译》[J]. 语文